毛发大揭秘

从微小生物到人类世界

生きもの毛事典

[日]保谷彰彦(ほやあきひこ)著 [日]川崎悟司(かわさきさとし)绘
庞梦莎 译 张贝 审校

中国出版集团
中译出版社

前 言

许多生物都有毛发。狭义上讲，“毛”指的是头发和哺乳动物的体毛；广义上讲，“毛”不仅指哺乳动物的体毛，还指所有生物身上长的“类似毛的东西”。昆虫和植物也有毛发，人类肉眼看不到的微生物，甚至人类的细胞中也有毛发。

本书将向你介绍长在生物身上的各种“毛”，以及那些名字里就有“毛”的毛发。

许多毛发都呈现着简单的线状外观，但它们的作用和结构却大不相同。在本书中，我们将重点介绍这些毛发的作用，并结合近几年比较火热的议题来说明毛发之于生物的必要性。

探寻毛发的乐趣有很多种方式，其中之一就是比较它们的作用。在这里，我们要指出的是，哺乳动物、昆虫、植物、微生物的毛发结构、大小和成分等都各不相同。

换句话说，它们是不同的东西。不过，也有一些毛发具有类似的功能。例如，如果我们比较一下起到保护身体作用的毛发，就会发现哺乳动物豪猪和植物荨麻都有刺一样的毛。另外，即使是同一种哺乳动物，有蓬松的用于保暖的毛发，也有坚硬的用来防御的毛发。

通过比较毛发的作用以及它们与生物之间的关系，你会发现一些有趣的东西，说不定也会成为你跟别人分享的话题。

在本书中，我们还将重点介绍人类的毛发。关于人类的毛发，我们有很多疑问。比如，为什么相对于很多哺乳动物，我们的体毛这么稀少？为什么人会脱发秃头？为什么会起鸡皮疙瘩？很多人都会有这些疑问，而这些“为什么？”都可以成为我们思考人类世界的契机。

生物的生存需要毛发，它所扮演的角色似乎比我们想象的重要得多。现在，让我们一起来找寻藏在生物毛发中的秘密吧！

目录

第2章　毛发的防御能力 / 35

第3章　毛发的感知能力 / 55

第4章　和毛发一起生活 / 73

第5章　毛发与移动 / 91

第6章　毛发与社交 / 105

第7章　以毛看人 / 121

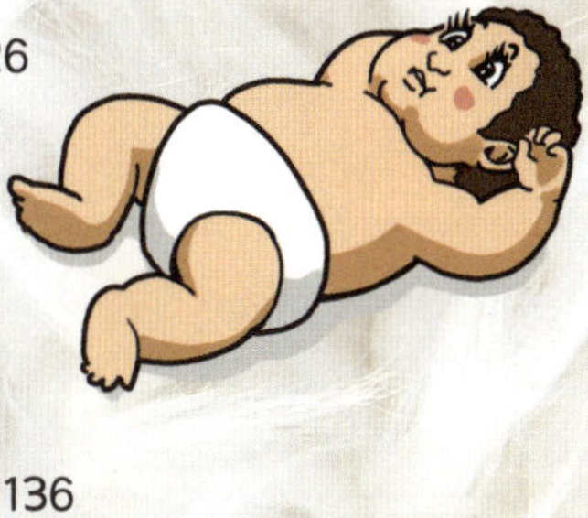

关于毛发的基础知识

毛

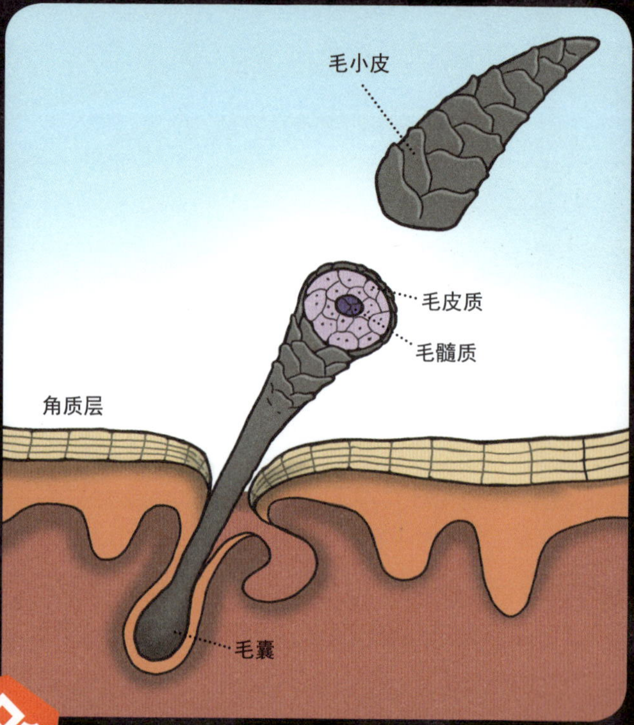

哺乳动物的毛发

哺乳动物的毛发表面由鳞片状的毛小皮（角质层）包裹，里面是纤维状的毛皮质，正中间有毛髓质。

哺乳动物的身体表面被毛发覆盖，全部的体毛都生长在其皮肤上特殊的小坑里，即毛囊。体毛分为两种，一种是长长的被毛（初级毛发），另一种是长在下方、较短且密集的底毛（次生毛发）。一根被毛的周围生长着成团的底毛。被毛像中心轴一样支撑着柔软的底毛，并形成一层空气层，增强隔热性。除此之外，体毛还有很多作用，比如保护皮肤、伪装、防御天敌，等等。嘴巴周围的胡须（触觉毛发）也可以作为感应器。

能抵御寒冷、帮助动物伪装的毛发。

昆虫的毛发

地熊蜂

具有嗅觉和味觉功能的特殊毛发。

昆虫和蛛形动物的身体上覆盖着微小的毛发结构。这些毛发有很多种，每种都有其特殊的作用。例如，许多昆虫的身体表面有刚毛，当昆虫接触东西时，刚毛可以使它们感知轻微的刺激。有些种类的昆虫腿部和腹部后端长有特殊的绒毛，它们可以通过这些毛发感知风的流动、水的振动和声音。此外，还有一种长在触角上的毛发可以感知气味和味道。除了这些感官毛发，甚至还有一种可以收集花粉和保护自己免受天敌侵害的毛发。

西红柿

保护自己、吸收水分和营养的毛发。

植物长有柔软的绒毛。许多植物的叶子和茎上都有毛，有些看起来像毒刺一样。根据植物种类的不同，有些花朵上长有丛毛，有些种子和果实上长有绒毛。此外，有些果实的表面也可能长有绒毛。这些绒毛由表皮细胞生长而成，可以起到保持热量和水分、防止病菌侵害，以及免受动物攻击等多重作用。根毛长在根部，可以从土壤中吸收水分和养分。

原生生物的毛发

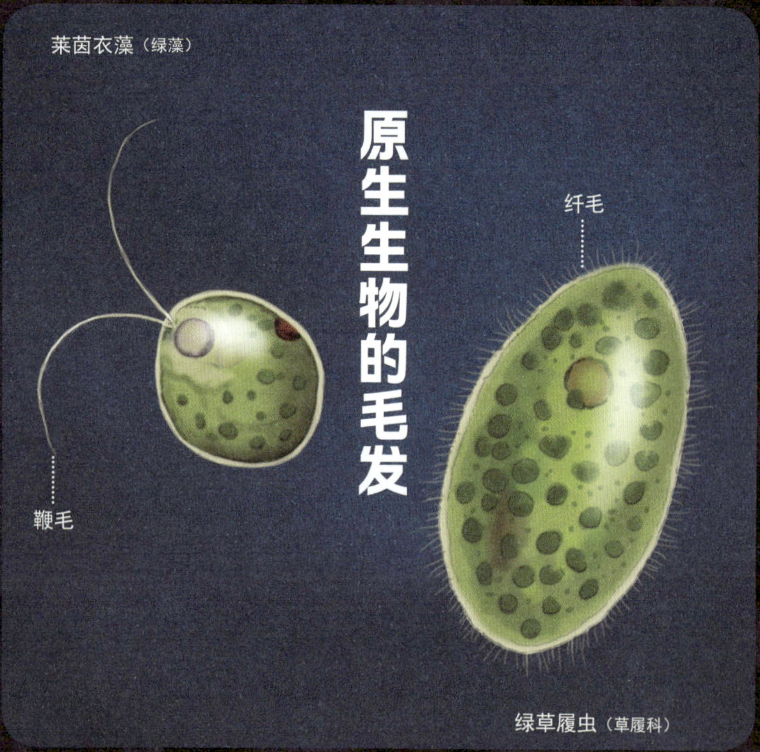

帮助移动的毛发。

原生生物是一种微生物，具有微小的毛发状结构，称为纤毛或鞭毛。鞭毛和纤毛的内部结构基本相同，但在单个细胞中生长的数量和长度各有不同。一般来说，纤毛较短，一个细胞中有几百到几千根；鞭毛较长，一个细胞中有1~2根。纤毛和鞭毛都是频繁活动的毛发，主要作为运动器官来帮助原生生物移动。此外，包括人类在内的动物细胞中也存在纤毛和鞭毛，其结构与原生生物基本相同。

羽毛

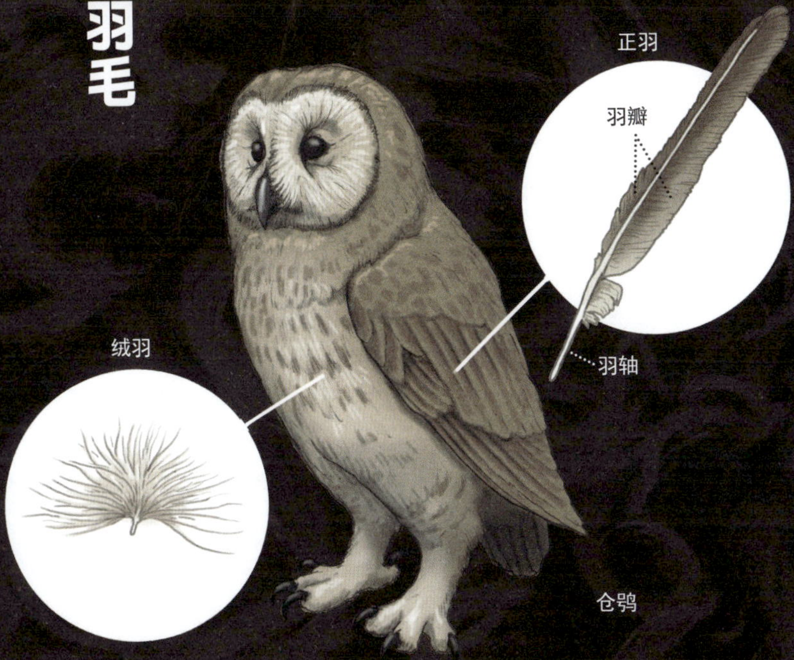

羽毛可不仅用来飞翔，还有其他用途。

羽毛披覆在鸟类的身体表面，有多种类型，覆在体表的羽毛大多是正羽。一片正羽由中间一根长长的羽轴，和由羽轴向左右两侧延展出来的羽瓣组成。羽瓣形成一个柔软有弹性的面。翅膀上的正羽是鸟类飞翔的必需品，而主要用于保温的绒羽（也叫棉羽）柔软蓬松，没有羽瓣和羽轴。羽毛除了能帮助鸟类飞翔，还有调节体温、和同伴交流、伪装自己的作用。

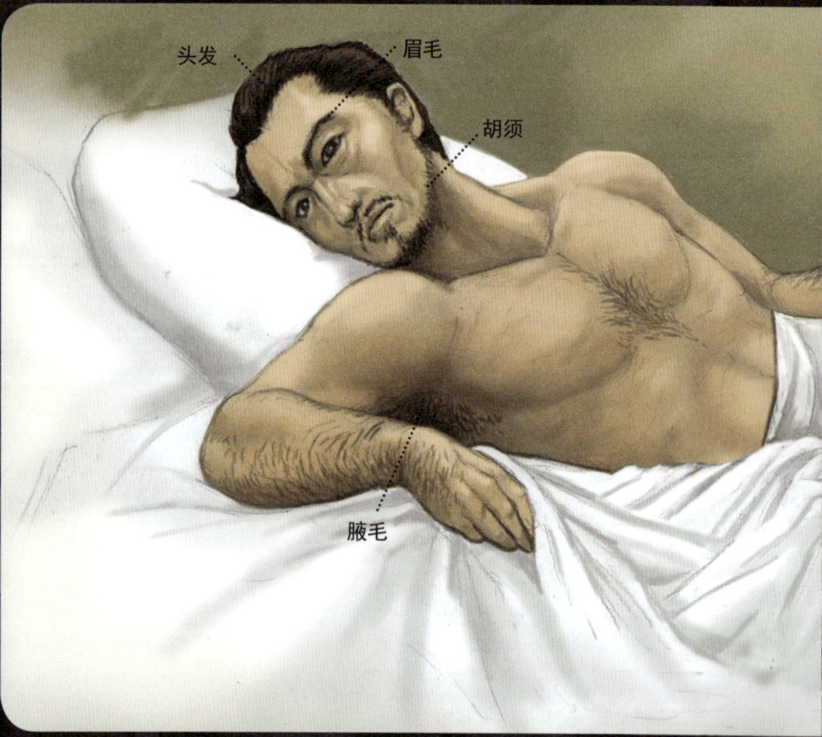

虽然有毛但看起来赤身裸体，这就是人类。

人类属于哺乳动物的一种，但和多数哺乳动物不同，我们的身体表面没有长满毛发。即便是和近亲黑猩猩、矮黑猩猩、大猩猩相比，人类体毛的稀少也是显而易见的。因此，人类看上去身体没有被毛发覆盖，是裸露的状态，但实际上，除了手掌、脚底、嘴唇和肛门等部位，人体表面也有毛发。只不过大部分的体毛都又短又细又软，没有什么颜色。这就是为什么我们与其他哺乳动物不同，看起来光秃秃的

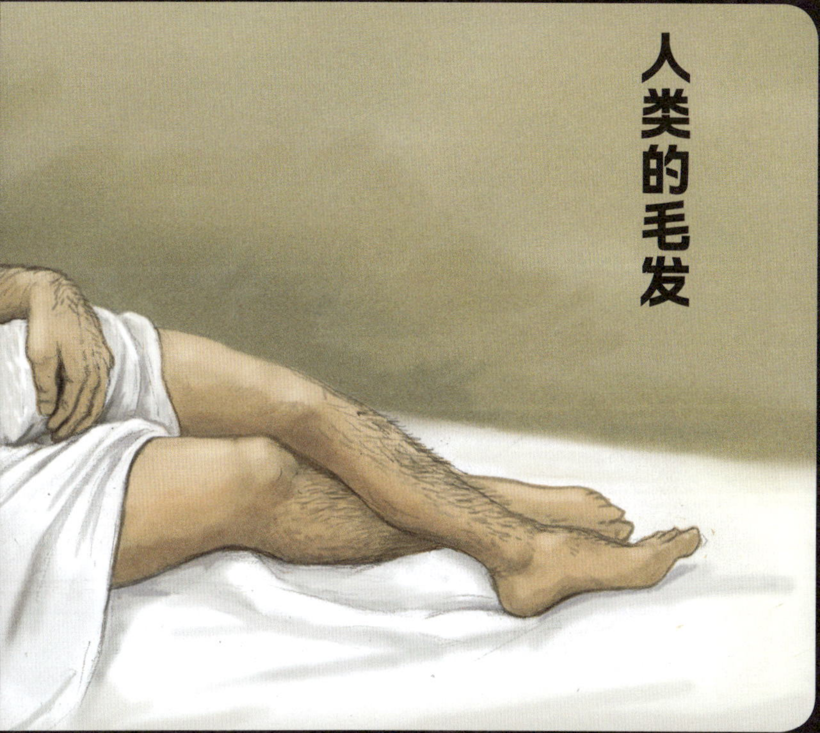

人类的毛发

原因。

头发是人类最显眼的毛发，它的粗细和颜色因人而异。脸上比较明显的毛发有眉毛、睫毛和胡须，这些毛发不仅能保护头部和脸部，还影响人与人之间的交流。还有一些我们觉得碍事的毛发，比如鼻毛、腋毛和私处的毛发，它们也有保护身体、保持体味的用处。由此可见，没有一根毛是白长的！

毛发的周期

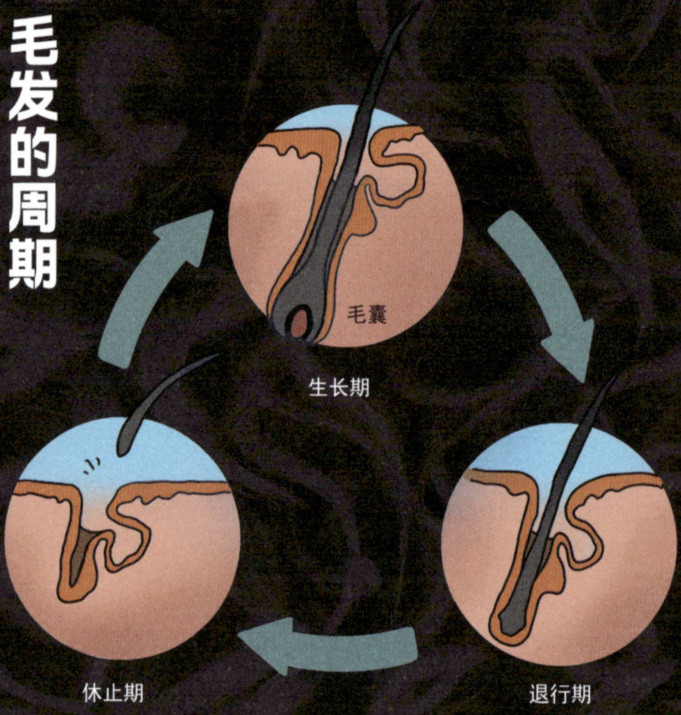

毛囊决定一切。

包括人类在内，哺乳动物的毛发生长呈现周期性变化，分别是生长期、退行期、休止期三个阶段。在每个阶段，毛发和毛囊都会发生动态变化。生长期是毛发生长的阶段，同时毛囊也很活跃。到了退行期，毛囊的活跃程度减弱，毛发停止生长。休止期时，毛囊变小，毛发完成脱落。毛发周期的长短因物种而异，人类不同身体部位的毛发生长周期也各不相同。

众所周知，软乎乎、毛茸茸的毛发具有保暖效果。不过，根据使用方法不同，毛发还能抵御高温。

第1章

毛发与温度

超高密度的毛发
防护服——海獭

海獭是一种生活在寒冷海域中的哺乳动物。要想在这样的环境中生存，谁都得有两把刷子。海豹等其他海洋哺乳动物靠厚厚的皮下脂肪与低温抗衡，而没有皮下脂肪层的海獭则采取另外两种御寒策略。

第一种是依靠体毛。**海獭的体毛是所有哺乳动物中最浓密的，密度高达每平方厘米12万~14万根**，同时体毛和皮肤之间还有一层被身体体温加热的空气层，海獭就靠体毛和空气层的双重保温效果来维持体温。**体毛的密度高，加上腿部和足部长长的被毛，因此海獭的体毛就像一层防护服，能够抵御强风、冰水和小型动物的侵袭。**

第二种是吃得多。海獭以海胆和贝类为食，据说它们一天的食量是自身体重的三分之一，那些被它们吃下的大量食物所产生的体温也被皮毛很好地保留了下来。

谁的毛最多？

在半水栖哺乳动物中，不同物种身上用来维持体温的平均毛发密度也不同。**欧亚水獭与海獭同属鼬科，但欧亚水獭主要生活在比较温暖的河流和岸边一带，每平方厘米大约有7万根毛发，**而生活在陆地上的鼬科动物水貂的平均毛发密度约为3.4万根。除鼬科外，欧洲河狸有3万~3.6万根，鸭嘴兽有6.7万~8.4万根。

鼬科海獭属哺乳动物，分布于北美洲西海岸和日本千岛群岛海岸附近。海獭大部分时间都生活在海里，很少到陆地上活动。

海獭

毛 知识　成年海獭的胡须平均每年长7. 7厘米。

毛发里的空气真暖和——北极熊

远远地看过去，北极熊都是白色的。在被冰雪覆盖的北极，它们白色的身体与背景融为一体。但实际上，**北极熊的皮肤是黑色的，体毛中空且透明。**光线照射到中空的毛发时会发生折射，从而使它们看起来呈白色。

人们认为，中空的毛发能把空气封闭在里面，从而提高空气的吸热效果。此外，北极熊还有一层浓密的用来保温的底毛，从而将温暖的空气滞留在皮肤表面，减少热量流失。

北极熊的体形是所有熊科动物中最大的，一头成年雄性北极熊的体重可达500公斤以上。众所周知，庞大的体形是北极熊在极寒的气候条件下保持体温的优势。它们的主要食物是海豹，海豹中丰富的脂肪物质是北极熊维持体温的必需品。

连脚底也长着毛

北极熊的脚底也覆盖着毛发，尤其是在冬季，脚底的毛发使北极熊更容易在湿滑的冰面上行走，还可以作为脚和冰雪之间的隔热层。挪威的一项研究证实，**成年雄性北极熊比雌性大，这不仅体现在体重、头部大小和身体长度上，还体现在前足毛发的长度上。**雄性北极熊前足的毛发越长，就越容易吸引雌性。

熊科熊属哺乳动物，分布于北美洲大陆北部、欧亚大陆北部和北极圈附近，是世界上最大的肉食动物，与棕熊是近亲。

毛 知识　研究发现，北极熊会有脱毛现象，底毛因此变得稀疏。

长不停的毛——羊

羊毛通常指家养绵羊的毛，被广泛用作纺织原料。其中，细软的底毛被称为“羊毛”。羊毛的特征在于其具有收缩性。**羊毛越卷，毛发之间就越容易吸附空气，从而增强羊毛的保温效果。**

除了家养绵羊，还有许多野生种，野生绵羊驯化为家畜始于8千年到1万年前。人们认为，东方盘羊、欧洲盘羊和盘羊是家养绵羊的祖先。经过驯化，绵羊的体毛发生了很大的变化。野生绵羊有着粗硬的被毛和柔软卷曲的羊毛，这些毛发会随季节的变化而变化。**家养绵羊全身披覆着卷曲的羊毛，几乎没有粗粗的被毛**，而且它们的毛发不受季节影响，会持续生长。

防水又吸湿！

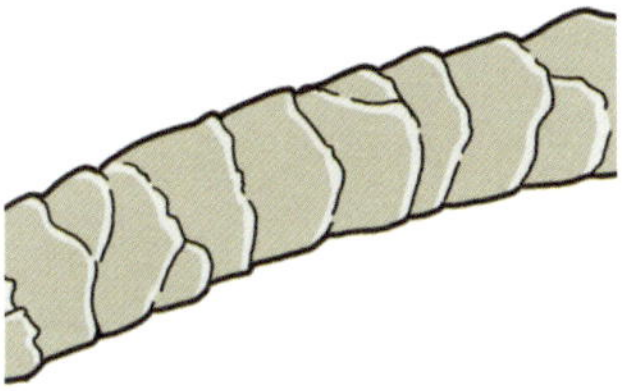

羊毛的表面有一层锯齿状凸起，被称为鳞片层。这层结构重叠排列，其表面具有防水性。另外，随着湿度的增加，凸起与凸起之间会逐渐产生缝隙，湿气便从缝隙处钻进来，被毛发内部的纤维吸走。因此，**羊毛同时具有防水和吸湿的性能。**

欧洲盘羊（牛科盘羊属）被认为是家养绵羊的祖先之一，在野生绵羊中体形算是最小的。雄性欧洲盘羊长有很大的角。

毛 知识　绵羊和山羊是近亲，被驯化的时期也很接近。

被热秃？！——非洲象

非洲象生活在40°C的高温环境中。因为体形大，热量容易在体内积聚，所以对非洲象来说，调节体温很重要。人们想出各种方法来帮助大象降低体温，比如阴凉处乘凉、在水中或泥浆中洗澡等。

如果大象的全身都是毛，它就无法释放体内的热量。话虽如此，大象的体表也并非无毛，只是极其稀疏。**人类头发的密度约为每平方米200万根，而非洲象体毛的密度约为每平方米1500根**——稀疏的毛发可能正是为了帮助大象散发热量。

事实上，研究表明，当风力微弱时，也就是最需要调节体温的时候，稀疏的毛发可以帮助非洲象将体温调节能力提高23%。虽然稀疏，但用处可大着呢。

非洲象的泥浴护身法

泥浆可以保护非洲象免受寄生虫的感染，还可以使其皮肤免受强烈阳光的照射。皮肤表面的大皱纹会减慢泥浆脱落的速度。除了这些大的褶皱，还有细小的皱纹以网状遍布全身。**这些细纹有助于将水分带到大象全身，使皮肤水分的流失速度比光滑皮肤表面慢5~10倍。**

象科非洲象属，陆地上最大的哺乳动物，生活在非洲的热带草原和森林中，最大的体重能超过10吨。

非洲象

知识　大象的皮有多厚？2～4厘米厚。

防水、保温的毛助你在极寒环境生存——帝企鹅

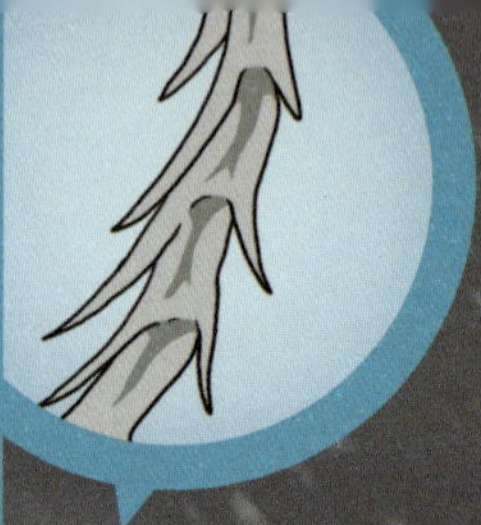

帝企鹅的羽毛上有钩状凸起，它们通过这些凸起相互连接。外层羽毛（正羽）呈扁平状。

南极的帝企鹅是一群生命力极其顽强的家伙。冬季，它们生活在零下40℃、风速每秒40米的严寒环境中，还要潜入冰冷的海水中寻找食物，而支撑它们在南极生活的正是自己的羽毛。

企鹅的体表覆盖着一层浓密的羽毛——外侧是一层厚厚的保护皮肤的羽毛，内侧为柔软的绒毛。外侧羽毛的表面涂有来自尾羽根部皮脂腺分泌的油脂，因此能很好地防水，就像一层防水薄膜。此外，羽毛表面有一层特殊结构，即使羽毛被打湿，也能防止结冰，而内侧的棉质羽毛还有增强保温效果的作用。成鸟身上80%~90%的保温效果都来自羽毛，所以羽毛具有保暖功能。

企鹅的进化

企鹅是不会飞的鸟类，广泛分布和生活在南半球。从生活在赤道附近温带的洪堡企鹅到南极的帝企鹅，目前世界上已知的企鹅有18种。有研究对所有18个物种的遗传信息进行了分析，表明**现生企鹅的共同祖先并非来自南极大陆，而是出现在大约2200万年前的新西兰和澳大利亚**，这点与之前的研究结果不一样。

帝企鹅是企鹅目企鹅科王企鹅属鸟类，分布在南极大陆，是现生企鹅中体形最大的。你很难分辨出雄性和雌性，因为它们在体形和外观上非常相似。

帝企鹅

知识 帝企鹅喜欢成群结队地活动（抱团取暖），抵御隆冬的严寒。

能抵御沙漠高温的毛——撒哈拉银蚁

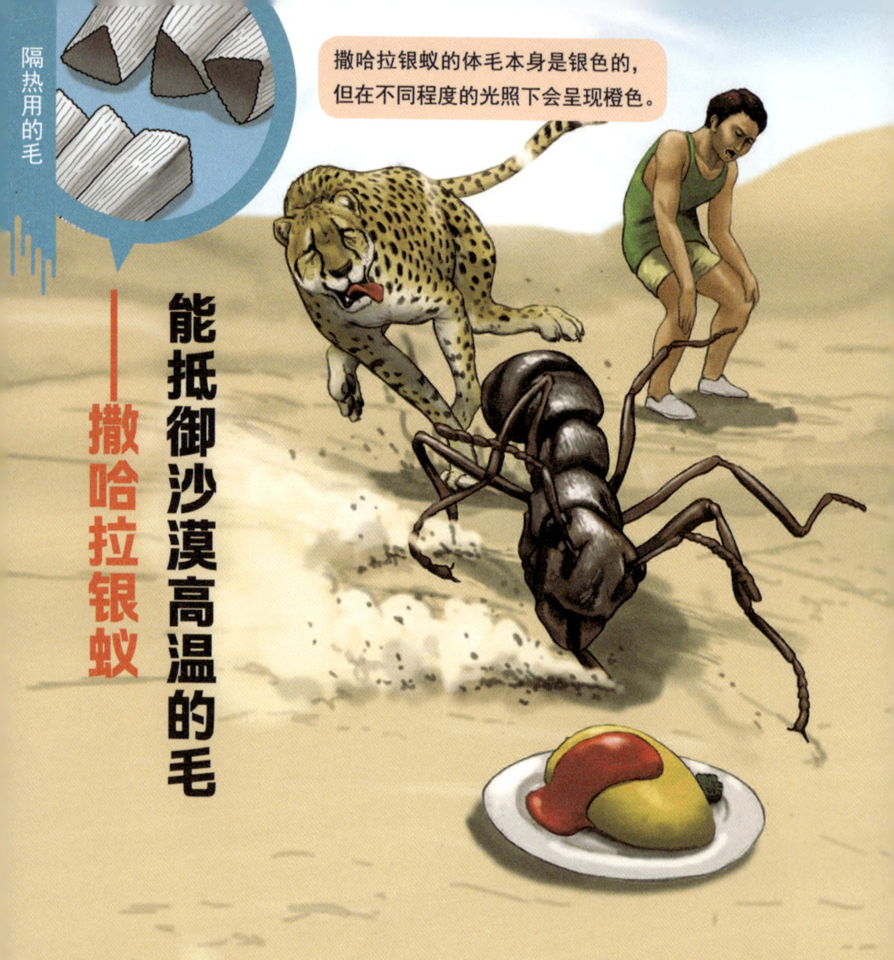

在非洲的撒哈拉沙漠，生活着一种叫撒哈拉银蚁的蚂蚁。白天，沙漠的地表温度超过60℃，它们靠寻找死亡的节肢动物为食。

撒哈拉银蚁之所以能在酷暑中活动，全依靠体毛。看起来银光闪闪，也是因为长满了细微的绒毛。如果用显微镜观察，你会发现这些毛生长密集，横截面呈三角形，从而能**有效地反射太阳光，散发体热，**帮助蚂蚁防止体温的升高。

撒哈拉银蚁在白天高温环境下活动是有原因的：一是因为这时它们的竞争者在巢穴里休息，它们可以尽快找到新鲜的死肉食物；二是为了躲避在夜间活动的天敌。

另外一个秘诀：奔跑速度！

另一个能让撒哈拉银蚁从炎热中全身而退的秘诀是奔跑速度。在沙漠的实际测试中，**它们能在一秒内移动85.5厘米，相当于体长的108倍**，这意味着它们可以在很短的时间内抵达食物身边。据了解，目前已知世界上比它们跑得快的只有南加州螨（一秒的移动距离相当于体长的377倍）和澳大利亚虎甲虫（一秒的移动距离是体长的171倍）。

撒哈拉银蚁（蚁科箭蚁属）
主要分布在撒哈拉沙漠以及阿拉伯半岛的沙漠中，每天只花10分钟出门觅食。

毛知识 撒哈拉银蚁的毛发可将体温控制在生存极限温度53.8°C以下。

用于防暑的白毛——蚁蜂

蚁蜂不是蚁，多寄生在蜂上，全体密布着细软绒毛。有些物种的蚁蜂身上有明显的红色或橙色斑纹，光是从外形上就给人一副“我有毒”的样子。而美国西南部沙漠中的蚁蜂身上则长满了柔软蓬松的白毛，跟同样生长在沙漠中的灌木果实的毛一模一样。白毛蚁蜂正好可以藏在灌木果实后面，宛如障眼法一般。

不过，据最近研究发现，虽然都是白毛，但由于两者反射光的模式不同，除了人类，其他动物都能分辨出来蚁蜂和灌木果实。**也就是说，蚁蜂的白毛似乎并没有起到伪装的作用。**另外，白毛蚁蜂与其近亲——红色、橙色蚁蜂相比，身体表面和体内的温度较低，因此**白毛很有可能在沙漠中起到了防暑的作用。**

花里胡哨的蚁蜂

蚁蜂的防御手段多种多样。雌性蚁蜂没有翅膀，但有强力的毒刺，鲜艳的绒毛能够有效地彰示自己有毒，起到警告掠食者的作用。**危急时刻，蚁蜂会从腹部发出刺耳的声音，下巴也会释放出恶臭的分泌物。**而且它们的体壁坚硬，与咬碎蜜蜂相比，咬碎蚁蜂要多花11倍的力气。可以说，蚁蜂几乎没有天敌。

绒毛蚁蜂（蚁蜂科袋蚁蜂属），包含本品种在内的所有蚁蜂都外形像蚂蚁且雌性无翅膀。

知识 雌性蚁蜂的腹部有长长的毒刺，被刺到会引起剧痛。

蚁蜂

能捻成线的毛——棉

衣服和被褥等用的棉花是由棉絮制成的，而棉絮来自棉属植物的种子。最初，棉絮是为了帮助种子随风传播得更远而存在，后经过改良被用作纤维。

棉絮附在棉果实的种子表面，**每颗种子上有几万根棉絮。每根棉絮都是由单个细胞生长而来。一个果实中约有32颗种子，合计约有50万根棉絮**，其中大部分棉絮长约3厘米。棉絮扁平扭结，可用作纤维。不过，也有的种子上棉絮较短，这种短毛可用作纸张原料。虽然长在种子上的毛并不少见，但只有棉絮能捻成纱线。因为干燥的棉絮同时具备长度、强度和捻度这三个特征。

为什么棉絮有短有长？

这和棉絮的生长时间有关。木棉开花结果大约需要20天，开花授粉时，棉絮开始从植物未来的种子表皮长出。正因为存在授粉时间这个时间差，那些授粉较晚生长时间较短的便成了短棉絮。

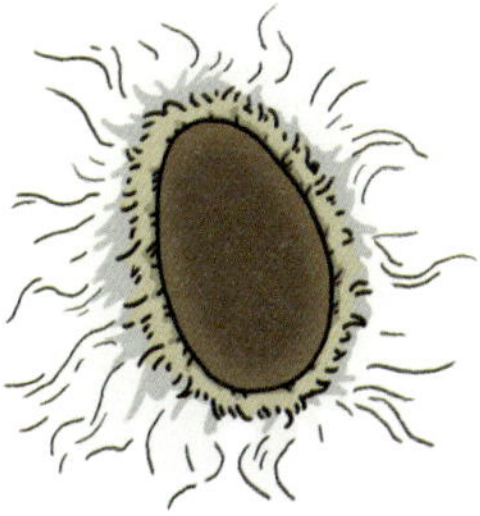

锦葵科棉属植物，也叫陆地棉和绢棉。在棉属的栽培种中，陆地棉的栽培范围占全世界的90%以上。

毛 知识　像棉絮一样附着在种子上的毛叫“种毛”。

越粗的毛越容易断？

哺乳动物的毛发直径因物种而异，从约60微米（人类）到约400微米（长颈鹿、象）不等。专家对人类、马、熊、野猪、水豚、西貒、长颈鹿和大象的毛发进行比较后发现，随着毛发越来越粗，拉扯时所需的力度也会减弱。

第2章 毛发的防御能力

毛发可以抵御物理攻击。动物通过改变毛发的颜色和样子不仅使自己融入周围的环境中，还能用毛当作武器（如带毒或带刺）来对付敌人。

可以说，有毛在身，什么对手都不怕！

斑马的身体覆盖着白色和黑色的毛发。

防叮咬！带条纹的毛——平原斑马

关于“斑马身上的条纹到底有什么用”的争论已经持续了150年之久。有人认为，条纹起到了伪装作用，从而让斑马免受天敌的伤害。还有人认为条纹是用来向配偶发出的信号，或是被用来调节体温。关于这些假说的研究还在进行着。

近年来，**人们的注意力集中在条纹对吸血昆虫虻的防御作用上，因为虻会引发传染病。**对围在斑马和马身边的虻的飞行轨迹的详细研究，结果表明，虻接近马时会放慢速度再降落，但它们靠近斑马时并没有减速，而是和斑马擦肩而过或直接撞上去。**虻落在斑马身上的数量大约只有落在马身上的四分之一，**而当给马穿上条纹模样的“衣服”时，虻落在它们身上的数量大大减少。这样看来，斑马身上的条纹似乎可以防止虻带来的致命感染。

平原斑马

印度黑羚的黑白伪装术

很多动物都有黑白相间的图案，比如身体上面是黑色、下身是白色的印度黑羚。这种**被光直接照射的部分颜色深，背光部分颜色浅的特征叫作反影**，我们可以在许多动物身上观察到。这种特征可以淡化动物身体投下的阴影，使天敌和其他动物更难发现它。

马科马属哺乳动物，主要分布在非洲，斑马是三个物种的总称，都带有黑白相间的条纹。斑马是群居动物，和驴是近亲。

毛 知识　斑马通过甩动尾巴来驱赶落在身体上的虻科昆虫。

混进背景里的毛——大熊猫

大熊猫的脸、脖子和腹部呈白色，眼晕、耳朵、脚和肩膀呈黑色，雄性和雌性在外表上差别不大。尽管大熊猫受到全世界人民的喜爱，但“大熊猫的黑白配色究竟有什么用”这一问题仍然是个谜。

最新研究表明，大熊猫的白色区域（脸、脖子、背、侧腹、腹、屁股）使它们能有效地融入雪中，而黑色区域可以帮助它们躲进森林昏暗的地方。另外，黑色的耳朵能向捕食者传达一种“凶猛”的信号，而眼晕的黑色有助于彼此辨认。因此，**大熊猫的黑白配色不仅能使它们神不知鬼不觉地躲进各种各样的环境里，还利于其使用脸部特征进行交流。**

体形很大却天敌很多的熊猫

大熊猫最早生活在中国南部和东部，现在的主要栖息地是中国中南部。与体形较大的成年大熊猫相比，**它们的幼崽更容易被天敌盯上。**近年来，大熊猫幼崽已成为豺、豹、黑熊和棕熊的猎物，更早的时候还被狼和虎等动物捕食过。这么看来，有黑白花纹的大熊猫或许真的需要混进背景里保护自己。

熊科大熊猫属哺乳动物，主要栖息在中国四川省等高海拔的茂密竹林中，以竹子为食。

知识　虽然大熊猫也生活在寒冷地区，但跟其他熊不一样，大熊猫不冬眠。

硬刺？其实是毛——豪猪

豪猪粗硬的针毛呈黑白条纹样。

说起豪猪，它们身上最引人注目的就是背部和侧腹上像刺一样的针毛。这些针毛起到了抵御天敌、保护自己的作用。

针毛是一种硬化的毛，长度因种类而异，最长的可达35厘米，能刺穿铝罐。针毛上长有黑白相间的条纹图案，**尖端锋利，体表的鳞片结构起到了倒刺效果。**这种结构使它易于刺入，但难以拔出。刺状针毛会对天敌造成致命伤害，甚至可能引发感染。

另外，针毛不会在刺入前主动射出去，但是扎进对方身体里的针毛会从根部脱落。豪猪就是通过把自己的体毛特化成这种强力的武器——针毛——来保护自己的。

尾巴上嘎嘎作响的毛

豪猪尾部有一簇簇的毛，这些毛呈中空囊状结构，**长5到8厘米，顶端膨大，尾巴摇动时会发出特有的“嘎嘎”声。**这是一种警告，可以很好地起到防御作用。除此之外，豪猪还有一些防御行为，比如用后足踩踏地面发出声音、发出“噗噗”的咆哮声、竖起针毛倒退着撞击对方等等。

豪猪科豪猪属哺乳动物。豪猪科和美洲豪猪科等30个种都统称为豪猪。

豪猪

知识　针毛主要由一种名为角蛋白的蛋白质构成。

用剧毒毛发保护自己——非洲冠鼠

非洲冠鼠是一种生活在非洲东部的大型啮齿类动物，也是唯一一种从身体外部摄取毒液的哺乳动物。毒液来自一种叫作“箭毒木”的植物，具有强大的杀伤力，即便是大型动物，只要舔上几口，也很快就会倒地身亡。**冠鼠把毒液涂抹在身体两侧的毛发上，这些毛的内部有很多小孔，毒液能很容易地渗透进去。**

对生物栖息地调查和捕捉到的个体行为的研究中发现，22只非洲冠鼠有10只咬碎了“箭毒木”的树皮，将含有毒素的唾液涂抹到两侧腹部的毛发上。令人惊讶的是，它们吃下毒树皮时没有丝毫犹豫。**非洲冠鼠在定期补充毒液**的同时，还用特异毛发保护着自己。

非洲冠鼠

剧毒的真面目？

非洲箭毒木是北美马利筋的近亲种，帝王斑蝶的幼虫为了防御天敌会以有毒的马利筋为食。**箭毒木从根部到新芽都含有一种叫作哇巴因的有毒物质**，它是一种强心甾。这种剧毒可能会导致大多数哺乳动物心脏骤停。而研究表明，啮齿动物不易受到强心甾的影响。

鼠科非洲冠鼠属哺乳动物，生活在非洲东部高地区域。体长25～35厘米，体重590～920克。

毛 知识　非洲冠鼠从头到尾长有像鬃毛一样很长的刚毛。

白靴兔被毛的横截面，可以看到呈网状的毛髓质。

随季节变化的毛——白靴兔

世界上共栖息约30个野兔种，其中6种的毛发会随季节变化——夏天是褐色，到冬天会变成白色，比如白靴兔和北极兔。白色毛发主要用来伪装。**白靴兔是众多肉食动物的捕食对象，白色的毛发可以帮助它们藏在雪中，起到保护自己的作用。**

白色毛发的再生也有助于调节体温。白靴兔的冬毛和夏毛的内部构造是不一样的。例如，**冬毛内部的毛髓质部分空间更大，有更多的空气。**这和双重玻璃的结构类似，提高了毛发的保温性。而且，冬毛的尖端比根部更粗。因此，尖端毛发的密度高，根部一侧的底毛也有充足的生长空间。这样一来，皮肤和毛发之间形成的空气层就会进一步提高保温性。

因全球变暖而显眼？

像野兔、雪貂、北极狐、桦太雷鸟等这类冬天体毛（羽毛）会变白的哺乳动物和鸟类，北半球分布有20多种。体毛颜色的变化能使它们适应雪地环境，减少被天敌发现的概率。由于白色毛发的生长主要依靠日照时间的长短，而**全球气候变暖使得积雪时间缩短，以至于到了冬天，变白的身体在没有雪的地方会变得格外显眼，增加了被捕获的危险。**

兔科野兔属哺乳动物，主要分布在美国北部，栖息于北部亚寒带森林和北极沿岸。动作敏捷，跑得很快。

白靴兔

知识　白靴兔的雌兔一年生产2～3次，一次最多可产8只幼兔。

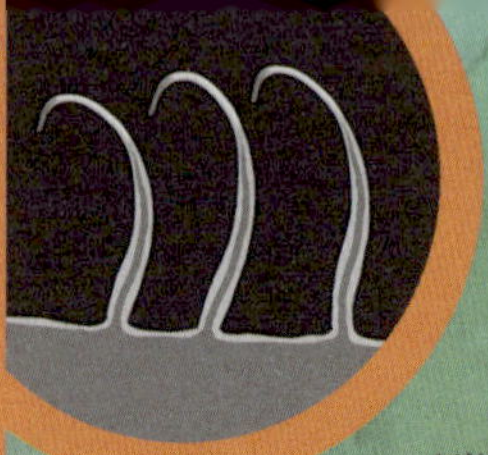

钝额曲毛蟹尖端的钩状刚毛使它们更容易钩住异物。

像魔术贴一样的毛——钝额曲毛蟹

钝额曲毛蟹属蜘蛛蟹类。目前已知的蜘蛛蟹类有900多种，其中约75%都会变装——将环境中的异物附着在身体表面。钝额曲毛蟹会用海绵、海藻或其他碎屑来“装饰”自己，**工具则是覆盖在坚硬外壳（外骨骼）上的钩状刚毛（硬毛）**。这种刚毛就像魔术贴一样，很容易粘住异物。

变装使它们能够隐藏在海底，不易被天敌发现，从而逃脱捕食者的攻击。钝额曲毛蟹**“装饰”的部位主要是甲壳和步足**，螯足和颚部周围没有装饰物，这些地方的刚毛不是钩状的，而是笔直的。

是变装，还是保护色？

在蜘蛛蟹中，那些主要生活在海藻和海草生长的海底的物种被统称为“海藻蟹”。海藻蟹为躲避天敌有自己的伪装术，除了变装，还会使用与背景相呼应的体色。加利福尼亚海域的海藻蟹变装后，人类看不到其体色的变化，而**没有变装的物种的体色会变成和海藻一样的红色或琥珀色。**

蜘蛛蟹科曲毛蟹属甲壳类动物，分布于包括日本在内的印度洋到太平洋西部地区。伸直的脚约10厘米长。

毛 知识

钝额曲毛蟹用粘在身上的有毒海绵保护自己不受天敌伤害。

钝额曲毛蟹

不容易被吃的毛毛——奇特望灯蛾

毛毛虫是鳞翅目昆虫（蝶、蛾）的幼虫。人们普遍认为，触碰毛毛虫的毛是有危险的。的确，茶毒蛾和刺蛾的身上不是有毒毛就是有刺。不过，**大部分毛毛虫的毛其实是无毒的**，人接触后皮肤也不会感染。既然如此，这些无毒的毛究竟有什么用呢？

学者广泛认为，毛毛虫身上密密麻麻的长毛主要是为了**防御天敌**。对大星步甲这样的昆虫来说，与其捕食毛又长又密的奇特望灯蛾的幼虫，捕食没毛的或毛很短的毛毛虫反而成功率更高。毕竟奇特望灯蛾幼虫的毛比自己的下巴还长，吃东西的时候多碍事啊！

毛毛虫的毛有什么用？

毛毛虫的天敌不仅有捕食性昆虫，还有各种各样的寄生蜂和鸟类。据证实，毛毛虫又长又粗的毛有**抑制寄生蜂产卵的效果。**另外，比起毛毛虫，鸟类更喜欢捕食芋虫。这是因为芋虫可以直接食用，毛毛虫的毛却很难下嘴。

灯蛾科望灯蛾属昆虫，分布于中国中东部及日本等地。幼虫身上的刚毛没有毒，成蛹前的终龄幼虫约5厘米长。

奇特望灯蛾

毛 知识　奇特望灯蛾的幼虫是广食性动物，食用超多植物种。

毛茸茸却碰不得的毒毛——金皮树

在澳大利亚的森林里，生长着一种叫金皮树的荨麻科低矮植物。这种植物的叶片极大，除根部外，全树上下都覆盖着一层“毛毡”——由表皮细胞生长出来的像针头一样的刺毛。**刺毛内部含有毒素，起到了保护叶片不被食草动物吃掉的作用。**

如果你不小心碰到金皮树，被折断的毛刺会扎入皮肤，释放内部的毒素。你先是会感到钻心般的灼烧感，接下来的几天到几周内还要忍受持续的疼痛。而引起这一严重症状的物质，除了组胺和乙酰胆碱等，最近又发现了一种新物质——**金皮肽。这种物质作用于神经，其结构与毒蜘蛛和芋螺体内的毒液相似。**

在刺和毒面前，贪吃赢了！

日本山野中盛产多种带刺毛的荨麻科野草，**刺毛内部均含有各种有毒成分。**虽然没有像金皮树这样的剧毒，但一旦被毛刺扎了，植物内部的毒素就会渗入皮肤，引起阵阵痛感，有时还会导致红肿。不过，**经加热后，野草内的有毒成分可以被有效地消灭，**所以日本人会吃荨麻科的山菜。

荨麻科火麻树属低矮乔木植物，生长于澳大利亚东部的热带雨林等地。叶片和茎上有刺毛。

毛知识　属金皮树近亲的高大乔木也含有金皮肽。

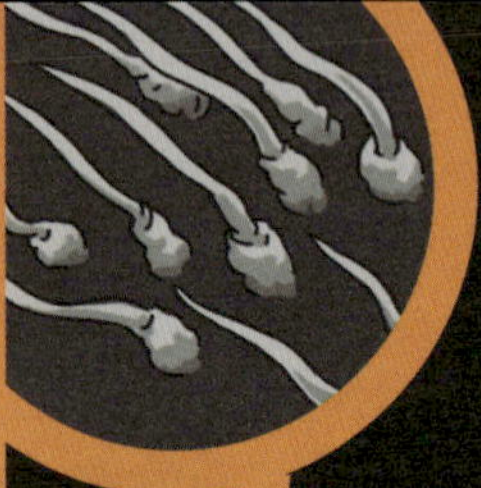

用毛守护美味！——猕猴桃

猕猴桃的果实表面有层绒毛，分布在果皮上，在植物学上被称为毛状体。根据栽种品种的不同，毛发的长短和密度也不同。例如，绿心猕猴桃（绿果）的绒毛就比黄心猕猴桃（金果）的绒毛更长、密度更高。

猕猴桃表皮的毛主要有**防止果实变干燥**的作用，特别是在高温干旱地区，毛越长越密，就越能阻断果实表面水分的流失，保持果实的鲜嫩口感。同时，表皮的毛还能**保护其免受强烈的紫外线、干燥的风、病原菌和害虫等伤害。**原来美味的果实是由毛守护着的！

西红柿的叶片上也有毛状体

毛状体是植物的叶、茎、花等部位表皮细软的毛发结构，形状、大小和作用不尽相同。例如，**西红柿的叶片上有7种毛状体**，这些浓密的毛可以在强烈的日光、紫外线、干燥的环境中保护叶片。另外，其中4种毛状体内部还有特殊的成分，具有防止食草动物啃食的功能。

猕猴桃科猕猴桃属植物，有雌株和雄株之分。原产自中国，后在新西兰得到改良（奇异果），全世界范围内广泛栽种。

猕猴桃

知识　同为猕猴桃属的植物还有软枣猕猴桃。

毛

没毛的哺乳动物——穿山甲

穿山甲虽然是哺乳动物，但没有体毛，取而代之的是坚硬的鳞甲。当它们察觉到危险时，会把身体蜷缩成球状，铠甲般的鳞片能使其抗住大型肉食动物的撕咬。鳞片像被压缩的毛薄片，手感和其爪子类似，由和毛相似的成分构成。

第3章

毛发的感知能力

利用极其纤细敏感的毛发，生物能感知到各种各样的信息、能躲避天敌、能捕捉猎物、能发现自己青睐的异性……别用大脑思考，试着依靠毛发的感知能力吧！

胡须和体毛，哪个更细？——家猫

猫身上的普通被毛为50微米粗，口周胡须的直径却有60~300微米，它又粗又长，柔软却也硬实。

猫的胡须也被称为“触毛”，是一种感觉毛，毛发受到的刺激会通过毛囊细胞传递到神经。触毛本身不含神经，能感受到刺激的其实是毛囊细胞。这时，硬实的胡须会更灵敏地将外界刺激传递至毛囊细胞。**胡须的毛囊中聚集了很多神经细胞，因此，胡须作为触觉感应器，有助于更灵敏地感知周围的情况。**多亏了它，猫才能在黑暗中顺利移动。大部分的哺乳动物都有胡须，不过人类的胡须并不是感觉毛。

老鼠的胡子是风向标

关于胡须的触觉感应功能，比较深入的研究主体是“大白鼠”(rat)和“小白鼠”(mouse)。老鼠的胡须是非常灵敏的触觉传感器，它们可以通过胡须接触周围的物体，从而**在又暗又窄的巢穴中避开障碍物，决定前进的方向。**此外，最近的研究证实，大白鼠能用胡须感知到风向。

猫科猫属哺乳动物。作为世界上受人喜爱的宠物，与利比亚山猫的亲缘关系最近。

老知识　斯芬克斯猫不仅没毛，连胡子也没有。

家猫

胡须是超高性能探测器——港海豹

海豹的胡须（触毛）是灵敏度超高的传感器。研究表明，**海豹的胡须能帮它们分辨接触的物体的大小和形状、充当其游动时的测量工具，还能察觉到刚刚游过的猎物留下的微弱水流变化。**多亏了胡须，海豹才能在又深又黑的海洋环境中觅食。

海豹的胡须虽然又长又粗，但每根毛的粗细并不一样。毛发表面呈波浪状，横截面是椭圆形的，这种特殊的结构能使海豹在游动时更有效地抑制胡须的振动。因此，即使在快速游动时，海豹也能感知到猎物（鱼类）游过形成的微弱水流变化。

在冰冷的海上也冻不着的胡子

海豹的胡须的毛囊里聚集了很多神经细胞。天气冷时，我们指尖的触觉会变得迟钝。由此可见，温度是神经正常工作的必要条件。但**港海豹即使在寒冷的海水中，其毛囊温度也是恒定的，不会随着水温变化。此外，由于海豹的血液循环系统也能够帮其保持体温，从而确保胡须得到足够的热量供应。**

海豹科斑海豹属哺乳动物，广泛分布在太平洋（包括日本北海道）和大西洋海域，主要栖息于沿海区域。

港海豹

知识　海豹身体表面布满类似“铜钱”的钱形斑纹。

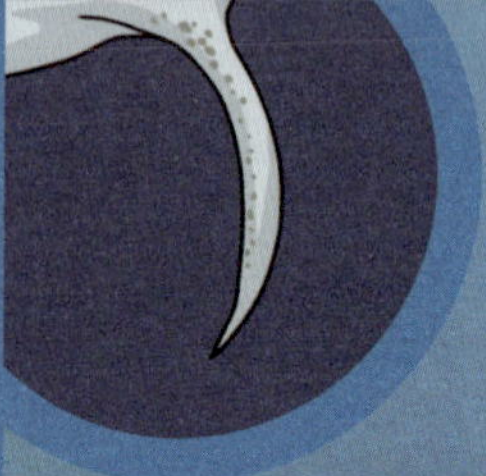

靠胡须感受味道和地点——鳗鲇

鲇鱼的特征之一是口部周围长着胡须。这些胡须可以作为触觉和味觉的传感器，即使在浑浊、视线不好的水域底部，鲇鱼也能用胡须觅食。

例如，鳗鲇（鲇鱼的一种）共有8根胡须，**这些胡须上长着众多能感受到味道的小型器官——味蕾。**味蕾的分布并不均匀，尖端的数量比根部多得多。鳗鲇游动时，胡须会呈半圆形扩张。此时，朝着前进方向部位的味蕾的密度会变高。这样一来，**那些与食物以及从食物中产生的化学物质接触的可能性更高的部位，就会分布更多味蕾。**此外，不只是胡须，鳗鲇的口腔和身体表面也分布着味蕾，可以说为了寻找食物，它们是在用全身感知味道了。

还有别的长胡子的鱼！

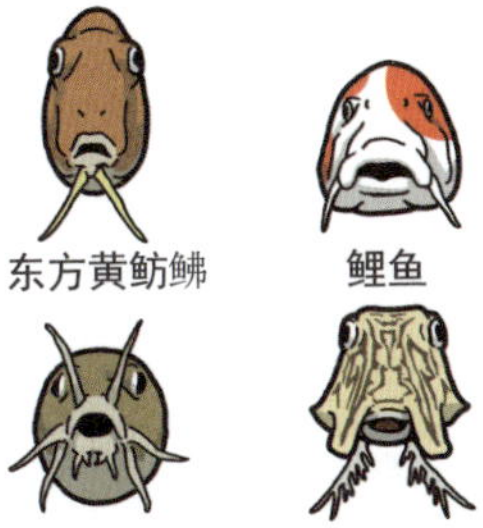

鱼类的胡须也叫触毛。**鲇鱼的英文是“catfish”，因为它的胡须像极了猫的小胡子。**胡须是鲇鱼区别于其他鱼类的一大特征，但除鲇鱼之外，其他种类中也有长胡子的鱼，且鲇鱼中也有没胡子的种类。

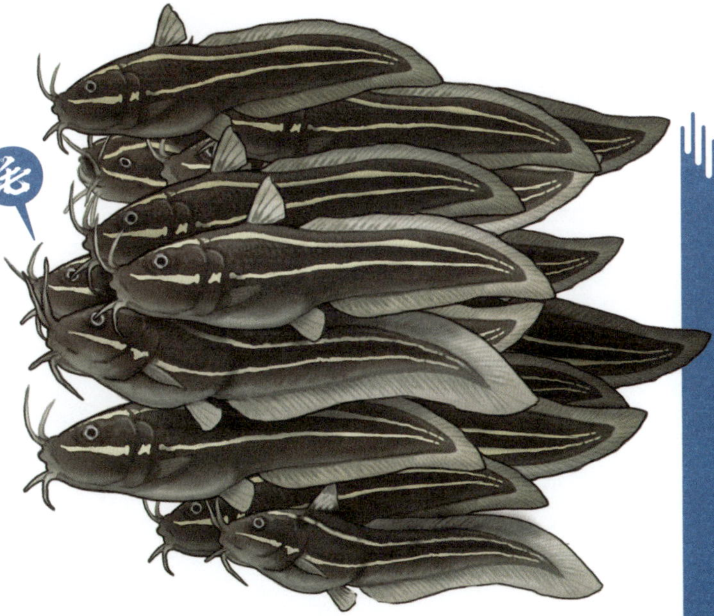

鳗鲇科鳗鲇属的一种鱼类，和生活在海里的鲇鱼是同类。喜群生，遇到外敌，常多条团结成球状，被称为“鲇球”。

鳗鲇

知识 鳗鲇的背鳍及胸鳍有毒刺，一旦被刺到，会引起抽痛。

用毛寻找雌性所在地——蚕蛾

大多数雌蛾会释放出一种叫性信息素的物质，雄蛾“嗅”到这一气味后便会飞到雌蛾身边，寻求交尾。**此时，接受性信息素的就是生物的触角。雄性蚕蛾和大蚕蛾有一对分叉的大触角，能帮助它们更有效地感知雌蛾释放出的性信息素。**

雄性蚕蛾的触角上长有多根接受性信息素的感觉毛，长度约0.1毫米。据说，每个触角上各有约1700根感觉毛，每根毛上约有2600个小孔。性信息素分子就从这些小孔中进到感觉毛的内部。感觉毛的感应性很高，能捕捉到空气中飘浮的极稀少的性信息素分子。

蚕的性信息素

著名的昆虫学家法布尔在《昆虫记》里曾用孔雀天蚕蛾做过一个观察实验。通过实验他推测雄蛾可能感觉到了雌蛾释放出的某些物质（性信息素），从而才被吸引过来。随后，越来越多的学者对各种昆虫进行了有关性信息素的研究，**证明了最初由法布尔发现的物质其实是由雌蚕分离出的一种叫“蚕蛾醇”的性信息素。**

蚕蛾科蚕蛾属昆虫，因用其缫丝织绸的需求而被家养化。野蚕是与蚕较接近的野生种。

蚕蛾

知识　成虫的蚕蛾全身披着白色鳞毛，有翅膀但不会飞。

能读懂空气的毛发?!——美洲大蠊

当你试图用卷成筒的报纸拍打蟑螂时，它们会迅速躲开，这是为什么呢？因为蟑螂具备能感觉到气流的毛发，从而能快速察觉到危险。

这种特殊的毛发**长在蟑螂腹部末端的一对尾叶的突起上**。当感受到气流时，尾须上坚硬的细毛会发生振动，**刺激经过须毛根部的传感神经再传递到神经系统**。由此判断，尾须上的毛就是其感受气流的感觉毛。当你用力挥动报纸时，空气被切开，新产生的气流扩散到周边更大的空间。蟑螂就是通过它们的毛感受到气流的变化。

蟑螂跑得也很快，如美洲大蠊每秒能跑1~1.5米（相当于其体长的50倍）。它们能在察觉到危险的瞬间以极快的速度逃跑。

一闻气味，就什么都知道了！

美洲大蠊是在黑暗中活动的夜行性动物，常在昏暗的厨房里晃动它们的触角。触角能感知到周围环境的信息，如味道、气味、声音和温度，其中最强的是感知气味的能力，它们甚至不用看就能识别出气味的来源。**它们感知气味靠的是触角上的感觉毛**，这些毛发表面有许多小孔，带气味的物质就从这些孔进入。

蜚蠊科大蠊属昆虫，原产于美国，现广泛分布在世界各地。有时也被用作实验动物。

美洲大蠊

知识 在闯进家里的蟑螂中，美洲大蠊算大型昆虫，成虫体长超过4厘米。

柑橘凤蝶前足尖端的感觉毛相当于味觉传感器。

产卵地由毛决定 ——柑橘凤蝶

凤蝶类的幼虫靠从芽叶上取食长大，但不是什么叶子都行，这通常取决于凤蝶的种类。虽说如此，但刚孵化出来的幼虫体形很小，很难找到能吃的叶子，所以雌性成虫会选择在幼虫能吃的植物上产卵。

产卵地的选择靠的是它们前足末端长着的众多刚毛（硬毛）。凤蝶一个接一个地落在叶片上，用4只后足支撑着身体，2只前足拍打叶子的表面，发出有节奏的嗒嗒声。**前足的刚毛其实是用来感知味道的感觉毛，凤蝶利用它边敲打着叶片边品尝味道，然后决定是否在这里产卵。**凤蝶类成虫不仅有为了吸吮花蜜（自己的食物）而产生的口部味觉，也有为了幼虫产生的足部味觉。

感知味道的毛
和感知气味的毛

昆虫的身体表面广泛分布着化学感受器——感觉毛。**这些毛发外侧主要由坚硬的角质层构成，内部有感觉细胞。**感觉毛分为感知味道的毛和感知气味的毛两种，但不同种类之间也会有所不同。例如，感知味道的毛主要长在昆虫的脚尖、口器和触角等处，而感知气味的毛常多见于触角附近。

凤蝶科凤蝶属昆虫，很常见，能在人类住所附近看到。幼虫以柑橘类的芽叶为食。

柑橘凤蝶

毛知识　柑橘凤蝶卵的颜色会从黄白色变成黄色，在孵化前又变成黑色。

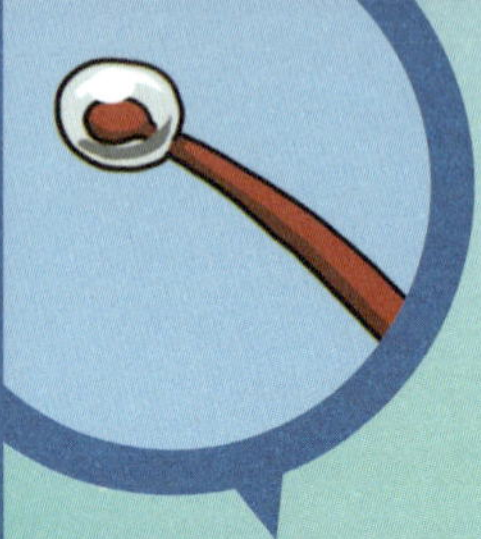

用黏糊糊的毛抓昆虫——茅膏菜

食虫植物茅膏菜捕获昆虫靠的是黏液，由叶子上的腺毛分泌而出。串珠一样的黏液就挂在腺毛末端，看上去晶莹剔透。在被捕获的昆虫想要从黏液中逃脱而挣扎时，其动作会使腺毛和叶片朝着猎物的方向弯曲，**被困住的昆虫则会被腺毛分泌出的消化酶分解掉，腺毛和叶子便从捕获物渗出的营养素中汲取养分。**

茅膏菜常生长于湿地和沼泽中，生长环境、光照和水源充足，但土壤里缺少氮、磷等植物生长必需的养分，**因此只能靠捕食昆虫来弥补营养的不足。**有报告称，茅膏菜体内50%~76%的氮都来自昆虫。

以茅膏菜为食的蛾子幼虫

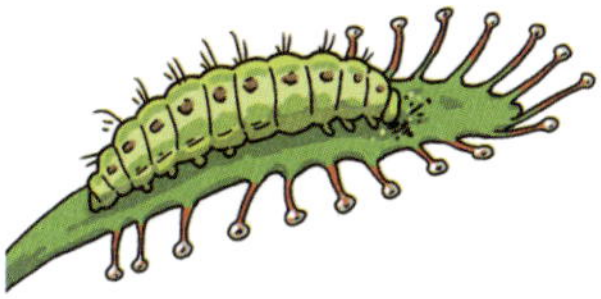

茅膏菜主要捕捉小型昆虫，大的昆虫有时会从黏液中逃走。有种蛾叫欧洲茅膏菜蛾，这种芋虫以茅膏菜的叶子和花朵为食。它们不会被茅膏菜的叶子捕获，相反，它们能在叶片上安全移动——**舔食黏液、啃食腺毛末端。通过这样的行动，芋虫似乎逃过了被捕获的危险。**

好望角茅膏菜（茅膏菜科茅膏菜属食虫植物）原产于南非，后因其园艺价值被广泛栽培。多片叶子上都长有腺毛。

知识　食虫植物分布于12个科20属，约600种。

碰到这种毛"落入陷阱——捕蝇草

捕蝇草捕虫夹内侧的细毛可以感觉到猎物。

捕蝇草是食虫植物，它用两片对称的捕虫叶（组成捕虫夹）捕捉昆虫等节肢动物。被捕获的猎物会被捕蝇草慢慢消化吸收。

而支撑这一系列反应的，是捕虫夹内侧的3对感觉毛。感觉毛是感知猎物的传感器。**如果昆虫在30秒内连续两次触碰到感觉毛，受到刺激的叶片就会在约0.3秒内闭合。**但仅触碰一次的情况下叶片不会闭合，所以捕蝇草对小石子、雨滴不会产生反应。像这样仅限于猎物、防止叶片过度开闭的机制，可以有效避免能量的浪费。

另外，猎物被捕获后的挣扎，会多次触碰到感觉毛。当触碰到第3次时，捕蝇草才会产生消化酶，第5次后开始消化猎物。

捕蝇草的超级削减成本大法

捕蝇草能分泌出各种各样的消化酶来消化掉捕获物。**捕获物的体型越大，合成的消化酶就越多。**并且，捕获物因为挣扎而产生的刺激，也决定了捕蝇草产生与捕获物的大小相对应的消化酶的量。因此，不管是猎物被捕获的时候，还是猎物被消化的时候，捕蝇草的节能机制都在起作用。

茅膏菜科捕蝇草属食虫植物。原产自北美，但在原产地面临着生存危机。

知识 昆虫会被捕虫夹散发出的甜蜜气味吸引而聚集。

毛

蜘蛛的听毛是什么？

蜘蛛分布于步足上的感觉毛被称作“听毛”，能感知低频率的振动、风以及昆虫微弱的振翅声，因此步足又被称为“远距离感受器”。某些种类的蜘蛛不靠网捕食，而是靠足上大量的听毛来感知昆虫飞近时引起的空气振动，从而捕获猎物。

第4章

和毛发一起生活

动物和植物可以用毛发收集生存必需的空气和水、培育和收集食物。本章将介绍日常生活中起重要作用且你也一定想拥有的毛发。

长在毛上的藻类是零食——三趾树懒

三趾树懒是一种行动缓慢的哺乳动物，生活在南美洲的丛林中。它们的体毛上长有藻类，使毛发呈绿色。三趾树懒常年生活在树上，主要以树叶为食，营养十分匮乏。它们大约一周下树排便一次，这不仅增加了被天敌攻击的风险，还消耗了它们的体力。即便如此，特意从树上下来一次似乎也是有意义的。

树懒的毛上住着蛾、藻类和真菌。当树懒从树上下来时，一些蛾子的成虫会在树懒的粪便中产卵，待卵孵化后再回到树懒的毛发中。**随着住在树懒毛发上的蛾子数量越来越多，再加上真菌等生物的作用，树懒毛发上的氮也越来越多，这导致要氮的藻类增殖。**树懒就以其毛上的藻类为食来补充营养。

树懒的毛发是一座药材宝库？！

栖息在树懒毛发中的真菌可能具有药用价值。有学者在巴拿马苏布拉尼亚国家公园的三趾树懒**毛发中发现了28种真菌。**其中一些真菌的提取物已被证实对治疗致病的寄生虫有效，对乳腺癌有活性，以及对细菌有抗菌作用。

树懒科三趾树懒属哺乳动物。加上二趾树懒家族，目前共有2属6种。

毛 知识　三趾树懒的胃装满树叶时可占其体重的三分之一。

用毛刷收集花粉——西方蜜蜂

蜜蜂和熊蜂等花蜂会收集花粉和花蜜来作为幼虫和自己的食物。而它们之所以能有效地收集大量花粉，则归功于体表茸茸的毛。

花蜂在访花朵、收集花粉或吸吮花蜜时，黏黏的花粉很容易粘到身上。近几年的研究还表明，在毛发和花粉之间运动的静电作用下，即使没有直接接触，花粉也有被吸到毛上的可能。

在飞向下一朵花的过程中，花蜂会用足部那像刷子一样的毛把粘在身上的花粉刮下来。**后足上有一个被称为“花粉篮”的部位，花蜂把花粉黏合成小团块**装入花粉篮中。大的团块会被带回巢内。

花蜂的花粉篮

花粉篮是位于蜜蜂后足胫节外侧表面的构造物，常见于蜜蜂和熊蜂。**花粉篮是一个光滑的凹槽，由一排向内弯曲的浓密的刚毛紧紧围绕其四周，**使花粉不易掉出来。蜜蜂采两朵花需要装约20毫克的花粉，这些花粉的重量可能超过体重的25%。

蜜蜂科蜜蜂属昆虫。花蜂的一种，广泛分布于非洲和欧洲。在世界各地被用于农业和养蜂业。

知识　蜜蜂毒针的毒液里含有99种蛋白质。

西方蜜蜂

用毛储存空气在水中生活——水蛛

水蛛是唯一一种完全生活在水中的蜘蛛，栖息于淡水中，在水生植物之间吐丝结网，形成口朝下的圆顶形气罩。水蛛就在这个小“房间”里呼吸、进食和生长。

水蛛用体表上的毛发把空气从水面送进气泡。它们腹部和胸部的毛比其他蜘蛛更多，更容易沾上气泡，因此可以灵活地运用腹部和双脚来运送空气。

气泡能补充溶在水中的氧。水蛛呼吸时排出的二氧化碳也能溶于水中。如果放任不管的话，气泡的容积就会变得越来越小，所以**水蛛能感知到气泡内的空气含量，必要时就会再去水面补充氧气。**

雌蛛会在狭窄的房间里养孩子

雄蛛的体形比雌蛛大，这种两性异型特征在蜘蛛中很罕见。这可能是因为它们的生活方式不同导致的。**体形越大，水下活动能力越强。**雄蛛需要在水中更积极地游动来四处寻找雌蛛，所以体型大对它们更有优势；而雌蛛需要在气泡内产卵孵化，**体形越大就越需要费力制造更大的“房间”**，因此体形小对雌蛛来说反而更有利。

水蛛科水蛛属，是唯一一种完全生活在水里的蜘蛛，分布于欧洲及亚洲。体长约1厘米。

水蛛

知识　水蛛腹部的毛又软又长，呈锯齿状。

柯氏潜铠虾的一根毛上附有多种丝状微生物。

毛发中的细菌牧场——柯氏潜铠虾

在深海中，热液喷口喷出的热液高达数百摄氏度。在这样极端恶劣的环境中，仍生活着各种各样的生物，还有一些和细菌等微生物一起生存的生物，如柯氏潜铠虾。这种动物不会四处走动觅食，那它们吃什么呢？

支撑其饮食生活的，是毛发。柯氏潜铠虾的尾巴叠在腹部，背部甲壳光滑，腹部长有毛发，无数细菌栖息于毛上。这些共生菌大都**从热液中的硫化氢和甲烷里获取糖分，并用其生殖繁衍。**柯氏潜铠虾便以共生菌为食。换句话说，它们在自己的毛发里培育细菌食物。

把共生菌当食物

20世纪70年代后半期，人们发现在深海的热液喷口周围存在生物。之后人们还注意到深海生物和细菌的共生关系。如管虫和白瓜贝的**细胞内都含有共生菌，并且它们都以这些细菌分泌出的营养物质为食。**除了柯氏潜铠虾之外，人们还在多毛纲动物和虾类中发现了外共生菌的特征。

拟刺铠虾科潜铠虾属甲壳动物。虽然名字里有虾字，但长得更像寄居蟹。身体呈白色。

柯氏潜铠虾

知识 有时候我们会管柯氏潜铠虾叫“白瓷蟹”，其实它是蟹不是虾。

用来吸入食饵的毛——海绵

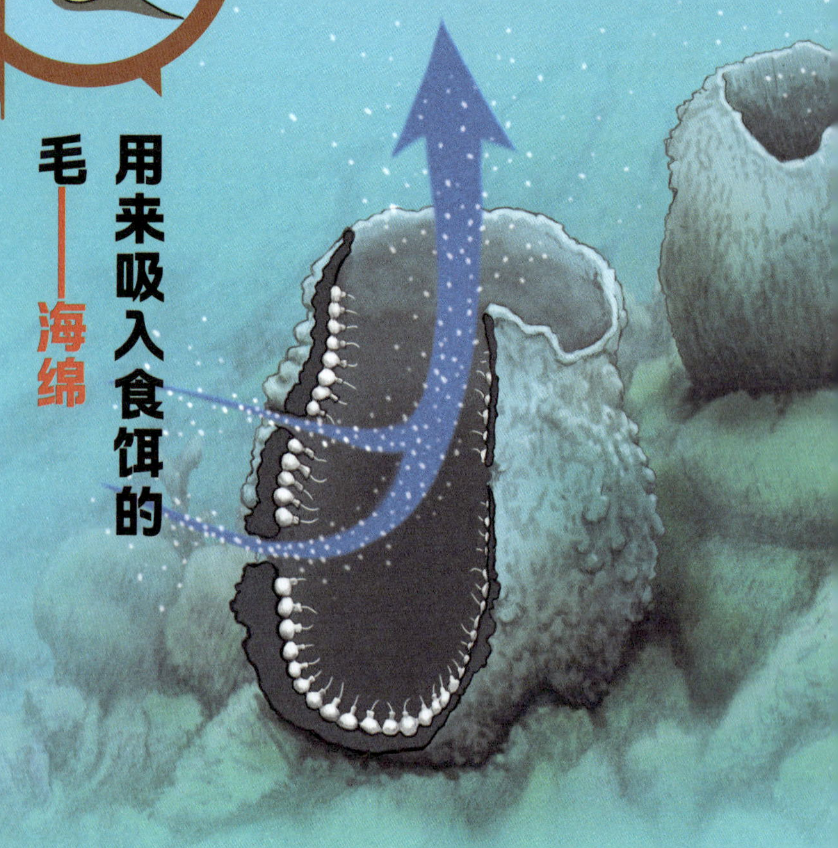

海绵动物是多孔状生物体，大小不同，从几微米到几米不等。大部分的海绵动物都生活在海里，没有神经、肌肉和内脏。它们主要以漂浮在水中的微生物和有机物为食。

捕食靠的是毛。**海绵身上有很多领鞭毛细胞，细胞上有一根鞭毛。**海绵通过摆动鞭毛，在整个体内引发一股稳定的水流。**随着水流的流动，微生物和有机物从体表无数的小孔流入体内，**水中的营养物质便被领鞭毛细胞捕捉后吞噬，那些不需要的物质则随着海水通过大孔排出体外。领鞭毛细胞上的鞭毛在捕捉食物上起着不可或缺的重要作用。

海绵是解开进化之谜的关键

一般认为，所有动物都是很久以前由单细胞生物进化而来的多细胞生物。**领鞭毛虫**是与动物最接近的**单细胞生物**，这种微生物和海绵的领细胞在外形上非常相似。因此，作为解开从单细胞生物向多细胞生物进化之谜的关键，海绵的领细胞和领鞭毛虫开始被学者所关注。

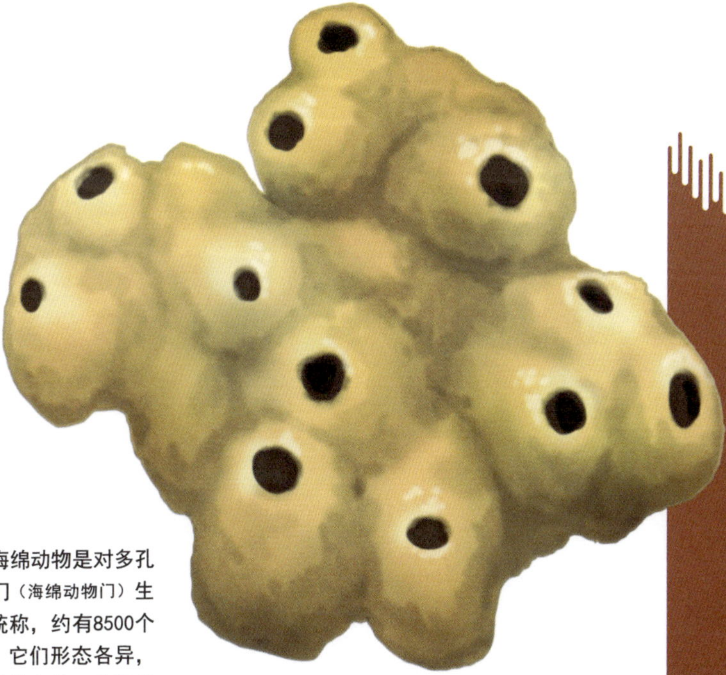

海绵动物是对多孔动物门（海绵动物门）生物的统称，约有8500个物种。它们形态各异，有极其微小的，也有几米长的。

知识 历史上，欧洲人很早便利用天然海绵作为沐浴工具。

用毛和刺收集水分——黄毛掌

在干燥环境中生长的仙人掌，能收集和吸收水分，并将其存积在体内的结构。支撑这个结构运转的，正是刺和毛。如长在沙漠里的黄毛掌，原产自墨西哥北部，后传播至美国西南部。

沙漠的昼夜温差大，有时会在黎明时分形成短时间的雾。黄毛掌可以吸收晨雾中的水分。雾状的水分附着在黄毛掌的刺上，形成水滴。每根刺上挂着多颗水滴，而后再汇聚成大的水珠，从刺的顶端流向刺的根部。然后，**刺根部的细毛高效地把水珠吸收并储存到黄毛掌的植株内。**

关于仙人掌的刺的多种用途

最早，仙人掌为防御食草动物的攻击而进化出了刺。除此之外，刺还有很多功能。比如，生长在高山地区的仙人掌全株覆有棉絮状的刺，**是为了抵御紫外线和温度变化。黄毛掌利用刺来传播繁殖体**（山药豆）——动物被仙人掌的刺扎到后，把繁殖体带到很远的地方去，借此种子得以传播开来。

园艺品种名也叫金乌帽子（仙人掌科仙人掌属黄毛掌种）。栽培高度厘米40～60厘米，耐寒，很受人喜欢。

毛 知识　金乌帽子的刺上还有更小的刺。

黄毛掌

地下毛之王国——黑麦

植物的根从土壤里吸取水分和养分，在这个过程中起作用的是根毛。**根毛是根毛区表皮层细胞一个向外的管状突伸物。**每株黑麦有140亿根根毛，50升土壤约能种出400平方米的谷物。根毛非常细，所以根毛与土壤的接触面积很大。

有一种植物叫“拟南芥”，在栽培没有根毛的植株的实验中，产生了严重的营养不良问题。**这是因为没有根毛，植物就无法吸收生长必需的磷酸。**研究还表明，在小麦和大麦等作物中，根毛长的品种能从土壤中吸收更多的磷酸和钾。这就是根毛的功能——从土壤中把磷酸、钾和水分等物质补充进植物体内。

根毛和根瘤菌

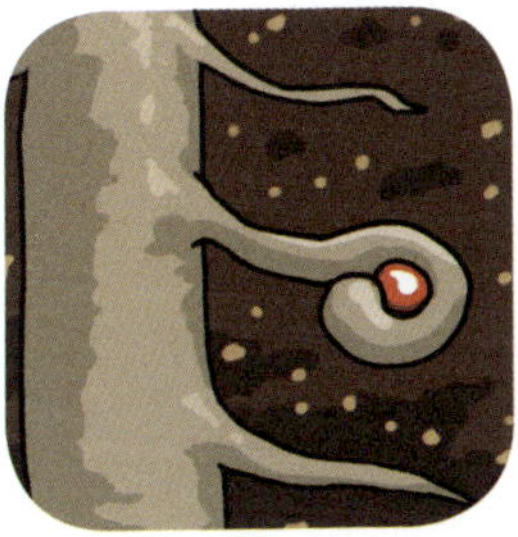

豆科植物的根部有一些小疙瘩，**这些小疙瘩中有根瘤菌**固定空气中的氮。植物从根瘤菌那里获取氮素养料，根瘤菌再通过植物的光合作用获得糖分。这样，双方便构成了互相依赖的共生关系。小疙瘩的形成首先是根瘤菌附着在根毛上，根毛感知后再将根瘤菌围起来，根瘤菌由此侵入根毛。

禾本科黑麦属栽培植物。可做粮食，也可做饲料。以欧美地区为中心向外传播。抗寒和抗干燥力强，在寒冷之地也能生长。

老知识　黑麦每根根毛的寿命很短，只有数日到数周。

黑麦

舒适的『毛屋』——铁线莲扣绵蚜

铁线莲扣绵蚜是蚜虫的一种，会寄生在榉树的叶片上长成虫瘿。虫瘿直径大约1厘米，里面最多可容纳100只蚜虫。**虫瘿内部密布着约0.1毫米长的绒毛，密度约为每平方毫米200根，**大概是最初来到榉树树叶上时的30倍。这表明虫瘿可能受到了铁线莲扣绵蚜的某种刺激，导致绒毛数量大幅增加。

铁线莲扣绵蚜会分泌一种虫露（甘露蜜），覆在绒毛上。这使虫瘿内部具有很强的防水性，帮助甘露蜜从虫瘿的开口处排出。如果甘露蜜在虫瘿内堆积，会增加病原菌和铁线莲扣绵蚜被淹死的风险。所以说，一个舒服的“房子”是用毛发做成的啊。

铁线莲扣绵蚜所做的虫瘿

虫瘿是植物受到昆虫等寄生生物的影响后，芽或叶子部分膨胀变形而产生的结构。虫瘿外侧坚硬内侧柔软空洞，昆虫们会在这里筑巢。会制作虫瘿的昆虫有很多，在铁线莲扣绵蚜中也有这样的品种。**铁线莲扣绵蚜在全世界大约有5000种，但其中只有10%左右会制作虫瘿。**根据品种不同，包括虫瘿毛的有无在内，铁线莲扣绵蚜所制作的虫瘿的形态、样式也各不相同。

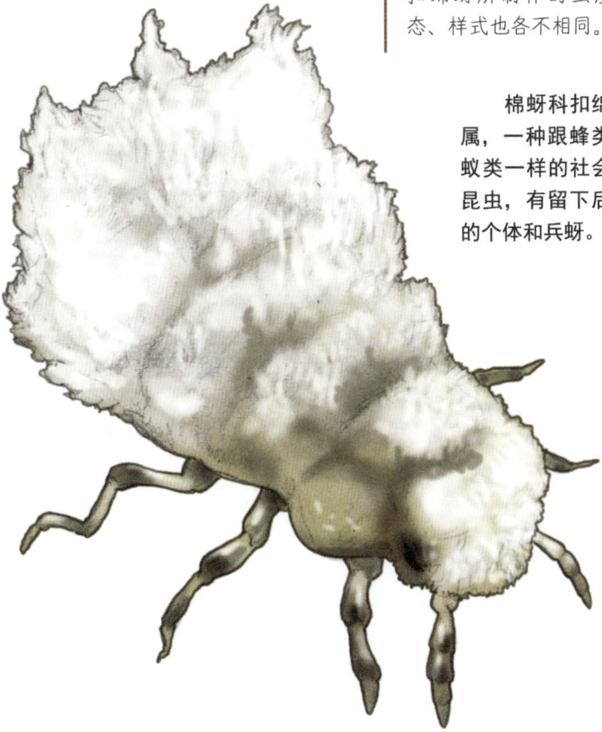

棉蚜科扣绵蚜属，一种跟蜂类和蚁类一样的社会性昆虫，有留下后代的个体和兵蚜。

知识 虫瘿会导致植物相关组织生长异常，对宿主植物造成一定的伤害。

毛

耐寒的狗和怕冷的狗

狗的皮毛有两种生长方式，双层被毛和单层被毛。双层被毛包括能保暖的柔软的底毛和相对较长的被毛，而单层被毛没有底毛。只有一层被毛。因此双层被毛的狗有很强的御寒能力，单层被毛的狗有掉毛少的特征。

第5章

毛发与移动

形态各异的毛发能在水上轻快地移动，还能粘在墙上，有时甚至能飞起来！利用毛发，你可以去任何地方。

水黾的足部长有大量斜毛。

用毛漂浮的水边忍者——水黾

水黾在水面上最快每秒钟可滑行1.5米，它们之所以能够平稳地浮在水面不会掉下去，全靠其足部特殊的毛。水黾有3对长足，足上密布着针状细毛。这些毛粗细不一，长约50微米，与足呈20度斜着生长。**毛上覆油脂层，可以很好地防水。**

水还具有表面张力，它会尽量减少水的表面积，得益于表面张力，水才不会进入毛发之间。而水黾的“大长腿”与水面接触时，**能受到更大面积的表面张力，**足尖在水面上形成一个小凹痕。研究表明，由于毛发和水的性质，水黾在凹痕超过4毫米深后足尖才会进入水中。

足部的毛能感受到水面的振动

水黾以落入水中的小型昆虫、蜘蛛等为食。捕食时，它们通过足上的毛发感受到昆虫落入水中的振动，逐步接近并捉住猎物。它们会用前足上的爪子刺穿猎物的身体，嘴呈管状吸食其内脏。水黾还能通过水面波动获取众多准确的信息，因为**猎物落在水面上的振动、自然产生的水波、风吹的振动、树叶落在水面上的振动，以及同类昆虫引起的振动都是不一样的。**

圆臀大黾蝽（龟蝽科黾蝽属水生昆虫），也称为“水黾”。主要栖息于淡水环境，广泛分布在日本。

毛知识　最大的水黾体长可超过20厘米。

水黾

用刚毛粘在墙上——大壁虎

我们知道壁虎能抵抗重力在玻璃窗和天花板上移动。它们的脚底没有黏液也没有吸盘，但吸力惊人。即使在光滑的垂直表面上，也能在一秒钟内移动20个自己那么远。

壁虎利用的是长在脚底的数百万根刚毛。它们脚趾上有多条肉褶，褶子表面覆盖着一层细细的刚毛，**每根刚毛末端又有数百根**长度及宽度约为0.2微米的铲状绒毛。

它们脚趾上的刚毛密度可高达每平方毫米1.4万根，因此末端的铲状茸毛大大增加了可附着面积，这时附着面会受到分子间活动产生的微小作用力。单根毛发产生的力量虽然微弱，但无数根毛发聚集在一起，便产生了超强的黏附力。

大壁虎

并不是所有壁虎都能粘在墙上

壁虎是陆生脊椎动物中种数最多的类群之一，全世界已知有约1500种，最早出现于1亿8000万年前到2亿2500万年前。根据对琥珀中的壁虎化石研究可知，壁虎的“吸附脚”很可能在至少1亿年前就存在了。**在现存壁虎种中，大约60%都有“吸附脚”。**

壁虎科壁虎属动物，体长25～30厘米。多栖息于森林及房屋内，主要分布于印度至东南亚等地。

知识 据说大壁虎坚决实行一夫一妻制，一生都只会有一个伴侣。

草履虫细胞表面的纤毛会像波浪一样摆动。

单细胞也多毛
——草履虫

草履虫是单细胞的微生物，分布于水田、池塘等淡水环境中，披覆着密密麻麻的纤毛。虽然纤毛的直径只有0.2微米，**但其内部结构复杂，能利用能量，像波浪一样摆动。纤毛划动周围的水，而后再回到初始位置，这种运动方式像极了蛙泳。**

细胞表面的纤毛约有上千根，它们像划船时的船桨一样相互协作、规律摆动，推动身体在水中前进。如果前方碰到什么，纤毛则会**改变行进方向、反向划动。**另外，水蚤、浮游动物及阿米巴原虫等物种受到来自后方的攻击时，会以**比平时快几倍的速度摆动纤毛，**迅速逃离天敌。这么看来，纤毛对草履虫这类微生物来说，真的是个很重要的运动装置。

能防身的刺丝泡是什么?

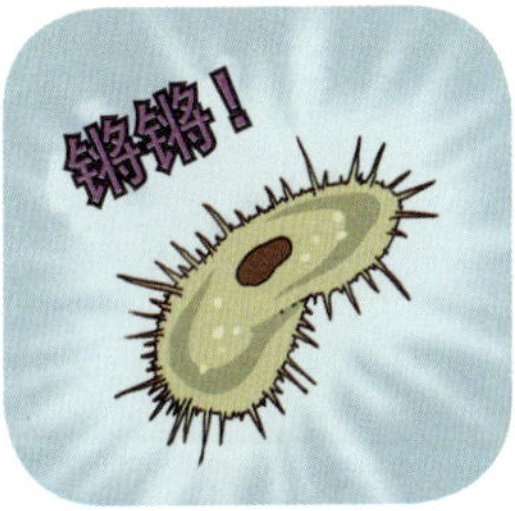

遇到天敌攻击时，草履虫可不只会跑，**它会射出一种叫“刺丝泡”的针状结构来防御。**刺丝泡也叫“毛胞”，一般都长在细胞膜内侧，长度约4微米，呈纺锤形。草履虫将其射出后，能伸长到约40微米。草履虫便利用刺丝泡麻痹敌害，并趁这个空当赶快逃走。

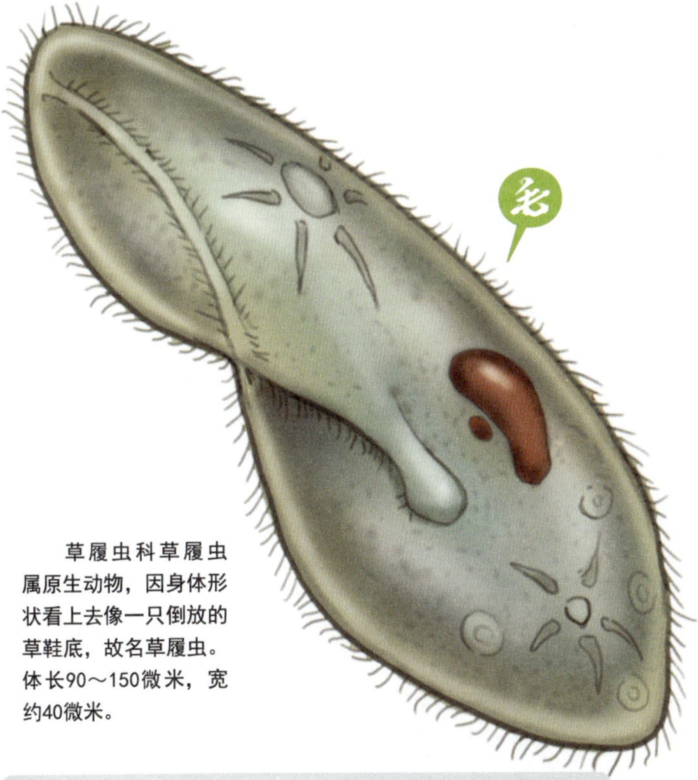

草履虫科草履虫属原生动物，因身体形状看上去像一只倒放的草鞋底，故名草履虫。体长90～150微米，宽约40微米。

毛知识 刺丝泡(Trichocyst)在希腊语中有“头发”和“小泡”的意思。

用一根毛游来游去——裸藻

裸藻是湖泊及池塘中常见的单细胞微生物，利用一根很长的鞭毛游动。其实这是两根鞭毛，但另一根太短了，我们完全看不到。长鞭毛的运动方式十分复杂，它的运动机制仍然是个谜。

裸藻利用鞭毛扭动身体，一伸一缩地在水中游动，被称为“扭动运动”。这个运动是通过身体表面的螺旋状结构实现的。

裸藻在明亮的地方笔直地游动，但在昏暗的地方，它会像受到惊吓一样慌慌张张地朝四面八方游动，到了明亮的地方再继续游直线。因此，**绿藻会聚集在明亮的地方。**

取动物和植物的精华

叶绿素是植物用来吸收阳光，生成营养和糖分的一种色素。裸藻就含有叶绿素，可以进行光合作用。但同时，裸藻没有植物独有的细胞壁，**它们用鞭毛左右摆动移动，在没有光照的环境下从外部向体内摄取营养。**这种兼有动物和植物的双重特性，引起了大家对其起源的关注。

裸藻科裸藻属原生生物，体长60～90微米，也叫“眼虫藻”。

毛知识　有些种类和裸藻相近，拥有藻红素，呈红褐色。

裸藻

用毛毛降落伞繁衍后代——药用蒲公英

蒲公英果实上披覆着的棉毛叫“冠毛”，它就像一个降落伞，能使果实被风带到很远的地方去。然而，与降落伞不同的是，冠毛的纤维都很稀疏，充满缝隙。既然风可以从缝隙间穿过，那冠毛是怎么帮助蒲公英飞行的呢？

根据最新研究，从下方吹来的气流碰到冠毛时会产生空气阻力，从而将冠毛抬起。**此外，气流在冠毛上方形成螺旋状的气泡（空气涡流）**，这种气泡是世界上首次被发现的。这些气泡起到了进一步托起果实和稳定飞行的作用。这样一来，蒲公英轻飘飘的果实便被风更有效地带进了空气中。

蒲公英能飞多远?

蒲公英的果实干燥且坚硬，里面含有一粒种子。果实上的棉毛被称为冠毛。研究表明，大部分药用蒲公英的果实**乘风飞行，会飘落在2米以内。**不过在温暖、干燥、多风的环境中，有些果实说不定能飞**几十千米，甚至有时接近150千米。**

菊科蒲公英属植物，原产自欧洲，后作为外来植物进入日本在内的世界各地。四季常绿。

药用蒲公英

知识　药用蒲公英有清热解毒、消肿散结的作用。

海鼠刚毛——鳞沙蚕

沙蚕利用疣足尖端的刚毛移动。

鳞沙蚕属沙蚕类，因其体形也被称为“海鼠”。例如，常见于欧洲的鳞沙蚕栖息在从浅滩到深海的海底，背部覆盖着针一样的刚毛，看起来就跟老鼠一样。这些刚毛是其防御的得力帮手，侧面长着彩虹色耀眼的毛，但其作用还是个谜。

如果我们把鳞沙蚕翻过来看，其腹部呈黄褐色，由约40个体节组成。每个体节上都长有一对疣足。疣足是运动器官，**肌肉结实，前端有坚硬的刚毛**，适于疣足行走。别看它们平时安静地躲在海底泥沙里，但一旦察觉到危险，就会用疣足飞速逃走。

鳞沙蚕吃什么？

蛇是不能吃的……

鳞沙蚕是活跃的捕食者，**捕食作为肠的内容物的环节动物和多毛动物、小螃蟹或小寄居蟹等。**实验观察发现，鳞沙蚕进食时，会把猎物从头到尾全部吞进去，然后把残骸当粪便一样从头部排出。并且，它们还能吞下比自己的体长长3倍的猎物。“就像刺猬把蛇吞掉一样”。

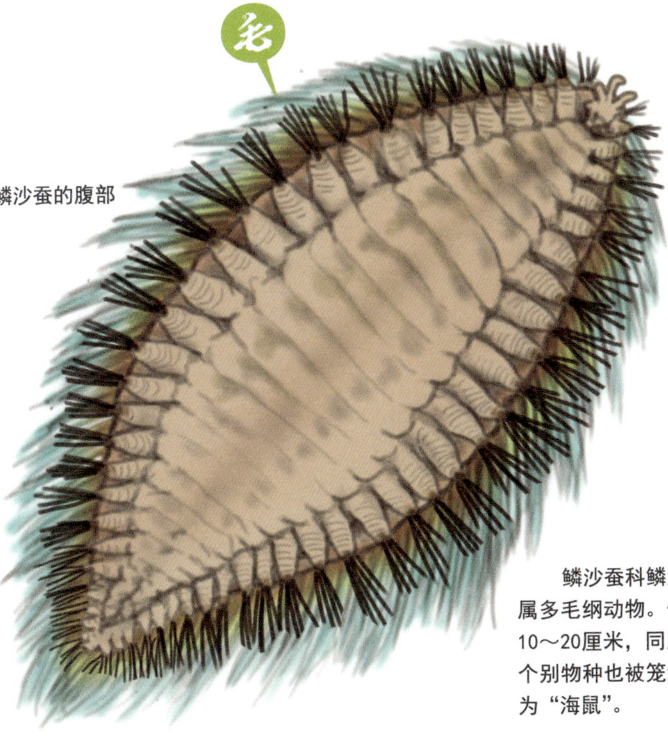

鳞沙蚕的腹部

鳞沙蚕科鳞沙蚕属多毛纲动物。体长10～20厘米，同属的个别物种也被笼统称为“海鼠”。

毛知识 属名里的“Aphrodita”来自古希腊神话中的“爱情与美丽的女神”阿佛洛狄忒。

毛

细菌的鞭毛是高速马达

大肠菌等细菌身上都长有鞭毛[1]，少则几根，多则可达数百根。鞭毛呈螺旋形，能像马达一样旋转，推动细菌以每秒50微米的速度游动。它能在一秒钟内移动其自身长度的50倍远，换成身高170厘米的人，其时速可达306千米。

---

① 细菌的鞭毛和原生生物、动物等身上的鞭毛构造完全不同。

第6章

毛发与社交

生物会通过毛发加深和同伴之间的友谊，因毛发受到异性的青睐，也因为毛发不能顺利交流……本章将介绍毛发和生物之间社交的关系。

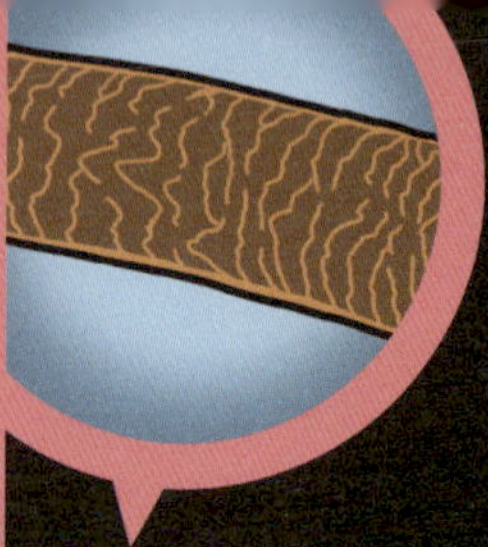

非洲狮的鬃毛表面和体毛一样覆盖着毛小皮。

漂亮的毛发是吸引力王牌——非洲狮

雄狮的鬃毛长在头部、颈部、肩部和胸部，但鬃毛的长度和颜色深浅等特征因个体而异。鬃毛的特征不仅和遗传有关，还会受到气候、激素、营养情况、年龄、疾病、伤疾等影响而变化。例如，生活在高温地区的狮群鬃毛很短，且容易变成浅色。由此可以推断鬃毛会因气温而变化。

另外，有研究表明，在有些地区的狮群中，雄狮鬃毛越是浓密，**雄性激素的量越多、寿命越长、伤后的生存率越高、子代的存活率也越高。**由此一来，鬃毛就变成了雄狮外表上的一个标识，拥有漂亮鬃毛的雄狮，在同性竞争中处于更优越的地

鬃毛有防御的效果吗？

迄今为止的研究表明，现存雄狮的鬃毛在同性争斗中，**并没有表现出对其头部和颈部明显的防护效果**。但也存在一种可能，即鬃毛最初是为了保护头部和颈部而存在，但后来发生了进化。为防御而生的鬃毛，不知不觉间变成了表示雄狮状态的标志。

猫科豹属哺乳动物，是猫科中唯一一个群居的物种。主要分布于非洲撒哈拉沙漠以南的地区。

非洲狮

知识　非洲狮身上深色的鬃毛比浅色的鬃毛粗。

梳梳毛，大家都是好朋友——日本猕猴

日本猕猴过着群体生活，一个群体中约几十只，有母猴也有公猴。最常见的现象就是同伴之间互相梳理毛发。

梳理毛发可以清除猴子毛上的寄生虫（如虱子和螨虫）和污垢。日本猕猴身上长有两种虱子，多的时候，**一只中等体型的猴子身上能寄生550个虱子卵。**虱子的数量越多，猴子就越容易生病，虱子也越可能传播到整个群体中。

日本猕猴的手指很灵巧，**它们会用拇指和食指的指甲捏住细细的毛发，拿掉上面的虱子和虱卵。**自己抓不到的地方就要靠家人了，比如父母和子女、兄弟姐妹等等。只有相互信赖，才能为对方梳毛。

日本猕猴

梳梳毛，放轻松

据说梳理毛发还有其他的作用。猴子被梳完毛后会**变得放松，这易于身体健康，还能保持好朋友的关系、提高群体的团结度。**另外，在发生争斗之后，它们经常会互相梳理毛发来修复关系。被梳毛的猴子看起来很享受。看来梳毛有不少作用啊。

猴科猕猴属灵长类动物，分布在日本，最北到日本下北半岛。是灵长类（除人类之外）中生活在最北部的物种。群居生活。

毛知识　狐猴等会用下颚的牙齿梳理自己的毛发。

猫的虎斑色毛发的根部和尖端为黑色，中间呈茶色。

话不投机半句多的黑色毛发——猫科动物

在家猫中，黑猫全身的毛都是黑色的。在野生猫科动物中也同样发现了全身黑色的个体。

迄今为止，在40种野生猫科动物中发现了至少有14种存在黑色毛发的个体，其中包括美洲虎、豹、山猫和细腰猫。一般来说，黑色体毛的主要优势是**伪装**，便于个体藏在茂密的森林和漆黑的夜晚中。

但同时黑毛也有一些缺点，那就是它**不利于交流。**许多野生猫科动物的耳背和尾巴尖都是白色，这被用来向同伴传递情报。但如果全身黢黑，没什么白色的部

家猫的毛色和虎斑色毛发

家猫的毛色和样子千变万化，那一根根的毛到底是什么样的呢？家猫的**基本毛色有白色、黑色和茶色三种。**除了上述三种颜色之外，还有一种虎斑色（刺豚鼠色）。**虎斑色毛发的根部和尖端是黑色，中间部分呈现为茶色，颜色互相交错。**家猫的多种花色和模样就是由这些毛色组合而成的。

猫科动物是一个广泛意义的统称，包括家猫、老虎和狮子等。现代猫科动物分为2个亚科14个属。

老知识　通过化石研究可知，猫科动物最早出现在3000多万年前。

华丽的羽毛最抓人——蓝孔雀

雄性蓝孔雀有华丽的饰羽，这种装饰性羽毛比其他羽毛长很多，最长可达1米。展开的饰羽顶端有**像彩虹一样耀眼的“眼睛”图案。**

对于雄鸟来说，饰羽不是用来飞行的，而是**用来求偶**的。当一只雌鸟在繁殖期出现在雄鸟面前时，雄鸟会迅速将饰羽展开成扇形，并轻轻抖动羽毛，来展示自己夺目的“眼睛”，同时发出机械式的声音来求偶。它们就是这样吸引雌鸟注意的，而耀眼的“眼睛”图案之所以能保持展开时的完美形态，是因为眼状斑的部分都被细小的钩子牢牢固定在了一起。

秋季，繁殖期结束，饰羽脱落，然后到**第二年春季又开始生长，每天生长约10毫米，几个月后可长到约1米。**

“眼睛”越多吸引力越强？

1991年的一项研究发现，在英国饲养的一群蓝孔雀中，**“眼睛”越多的雄鸟越受雌鸟欢迎。**然而，2008年发表的一篇论文称，在日本饲养的一群孔雀中，“眼睛”多的雄鸟并不能吸引雌鸟，反而是**雄鸟的叫声**在起作用。看来，雌鸟选择雄鸟的原因可能会**因生活环境的不同而改变**呢。

蓝孔雀

雉科孔雀属鸟类，繁殖期的雄鸟会向雌鸟求爱。主要分布于印度和斯里兰卡等地，世界各地都有饲养。

知识　有实验证明，拥有更大“尾巴”的雄孔雀的野外生存能力要强于小“尾巴”的个体。

用毛模仿雌蜂
——多花兰

有一种兰花被称为“多花兰”，也叫“蜜蜂兰”。这种花会模仿雌蜂来欺骗雄蜂。它的骗法非常巧妙，花朵会释放出一种类似雌蜂性信息素的气味，吸引被诱骗的雄蜂到花朵上来。

它还有一种特殊的花瓣——唇瓣。其形状、光泽、颜色、唇瓣表面的凹凸，以及天鹅绒一般的绒毛都像极了雌蜂。唇瓣表面有从表皮细胞中长出来的绒毛，长短不一，边缘部分还覆盖着长毛。**被骗来的雄蜂会紧紧抓住唇瓣，试图将腹部的针插入唇瓣的长毛中进行交配。**这样，雄蜂的身体上就粘满了兰花的花粉。当已经粘到花粉的雄蜂再被骗到另一朵花上交配时，兰花就成功完成了授粉。

花粉团可以提高授粉成功率！

兰花的一个特点是能产生花粉团。**一个花粉团含几千到几百万粒花粉**，同时具有很强的黏力。当传粉昆虫来到花朵前，花粉团会粘在传粉者身上，被传粉者带走。当昆虫进入下一朵花时，被带出的花粉团可以粘到黏性柱头上。由于花粉团中含有大量花粉，因此只需一到两次就能完成授粉。

台兰（兰科兰属植物），该属也叫多花兰（蜜蜂兰），在地中海沿海地区分布有数十种。

知识　雄蜂被骗而进行的交配行为被称为“假交配”。

通过卷须找自己的叶子——乌蔹莓

乌蔹莓螺旋状生长的卷须。

藤本植物的卷须会攀附在周围的植物或支撑物上，是一种呈丝状的特殊结构。它的茎可以快速地向上或横向延伸，因此**在追光竞争中比周围的其他植物更有利。**但是，卷须不会攀附并盖到自己的茎叶上。因为那样的话，不会被光照射到的叶子数量就会增加，光合作用的成功率会整体降低，植物的生长速度也会变慢，种子的数量甚至也会因此减少。

实际上，最近的研究表明，葡萄科的藤本植物乌蔹莓与其他植株相比，**其卷须很难缠到自己的茎上。即使缠到自己的茎上，也会随着时间的推移卷回去。**因此，乌蔹莓可以通过卷须来区分自己的植株和其他植株。

超敏感的卷须

不论碰到什么，卷须都会迅速做出反应。例如，豌豆的卷须在碰到支撑物2分钟后开始卷，大约30分钟后就会形成大幅度弯曲。卷须的最低反应力是0.25毫克，**敏感度比人类还高。**而且卷须**对风和雨等没有反应，**无疑是一种很优秀的传感器了。

葡萄科乌蔹莓属藤本植物，茎长2～3米，繁殖力强。因其生长旺盛，甚至能使竹林枯萎，因此得名。

乌蔹莓

知识　乌蔹莓的花最初呈橙色，会慢慢变成淡红色。

毛须造就果实——玉蜀黍

一根玉蜀黍有整齐排列的粒粒果实，还有包在外面的苞叶。苞叶的顶端有长出来的毛须，**俗称“玉米须”。**虽然我们吃的时候玉米须很碍事，但正因为有玉米须，玉蜀黍才能结出果实。玉米须其实是雌蕊，是花朵接收花粉和结出果实的一个重要器官。

在玉蜀黍中，粘着花粉的雄花和接收花粉的雌花开花位置不同。雄花集中在茎尖较高的位置，而雌花集中在叶子根部。先成熟的雄花花粉随风飘散。几天后，毛须从苞叶顶端露出来。在此期间，毛须不断地长，其**伸展速度最快可达每小时1~3毫米。**如果有其他个体的花粉附着在毛须上，就会结出果实来。

玉蜀黍的祖先是？

关于栽培玉蜀黍的起源，至今还有着很多谜团。不过，与玉蜀黍亲缘最近的野生种是一种类玉蜀黍，和玉蜀黍同属于玉蜀黍属，**生长在墨西哥和美洲中部。**最近，学者根据栽培玉蜀黍的详细研究推断，**玉蜀黍是在6000年前到9000年前，由与类玉蜀黍共同的祖先进化而来的。**

禾本科玉蜀黍属的栽培植物。原产于美洲热带，品种众多。被用作食物与饲料而在世界各地广泛种植。

毛知识　玉蜀黍的毛须在晚上比在白天长得好。

毛

菌毛连好，后代我有

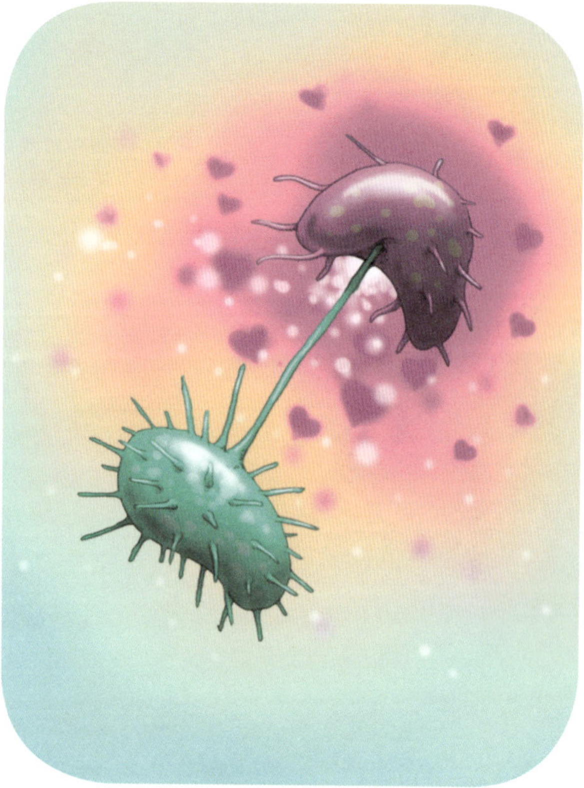

菌毛是细菌表面的突起物，主要功能是黏附在周围的物体和细菌上，还能帮助有些细菌在宿主细胞上形成黏膜。性菌毛比普通的菌毛长，它更柔软，呈管状，负责连接2个细胞，从一方向另一方输送DNA。

第7章

以毛看人

有时是毛发帮了大忙，有时又因毛发而烦恼。人与毛之间这层很深的剪不断理还乱的关系究竟是什么样？本章将深挖令人类很在意的毛。

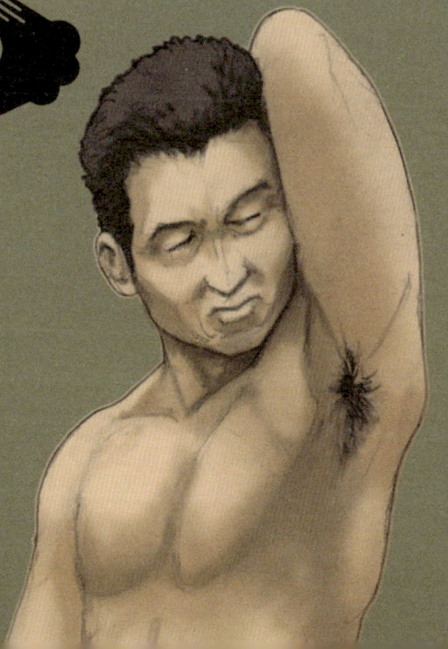

人类长在不同部位的体毛的横截面也不同。

人类的毛为什么这么少？——体毛

人类因为体毛少而被称作“裸猿”，赤裸的形象也是我们与黑猩猩和大猩猩等近亲物种最大的不同。全身长满体毛的话，可以防紫外线、耐高温、耐低温，还能保护身体不会引起严重的炎症、防止出现伤口和虫害叮咬。由此可见，“赤裸的皮肤”有太多不利于生存的缺点。那么对人类的祖先来说，这么少的体毛到底有什么用呢？

针对这一问题，学界存在众多假说，其中最为人接受的是这条：**“赤裸的皮肤”是作为一个冷却装置进化而来的。**这个说法认为人类的祖先离开森林去热带草原上狩猎时，因为**身体暴露在比森林高得多的温度中，**为了防止中暑从而选择了易于生存的“赤裸的皮肤”。

人类的毛囊其实遍布全身

人类出生时身上**有200万~500万个毛囊，**其中**10万~15万个分布在头皮上，**毛囊的数量和密度与人类的近亲类人猿并没有明显的差别。实际上，人类并不是没有体毛，**我们也长着体毛，只是它们又细又短，**不太明显。不过，在保护皮肤、防高温、防紫外线等方面，人类的体毛的确没起到什么作用。

所有体毛都是从毛囊中长出来的。毛囊形成于我们的胎儿时期，在出生后不会再形成新的。

毛 知识 一根标准的体毛因为生长部位不同长度也不同，基本在0.5～6厘米以内。毛尖较细。

头发的生长周期——头发

头发的最外层包裹着鳞片状的毛小皮。

头发随着时间的推移而生长，但也不是会一直持续长下去。毛发从毛囊中长出来，毛囊是皮肤上的一个小器官。毛发从诞生到脱落会经历一个周期，称为生长周期，主要包括三个阶段：生长期、退行期和休止期。

生长周期因毛发种类而异，但就头发而言，成发期为2~6年，此时毛囊中的细胞活跃，会长出浓密坚硬的毛发。退行期持续2~3周，此时毛囊会停止生长。休止期为3~4个月，在此期间不会长出毛发，毛囊也不再活动。因此，**毛发只在成长期生长，毛发的长度主要由生长周期决定。**按头发平常一天长约0.35毫米推算，一年能长12厘米，6年大约长72厘米。

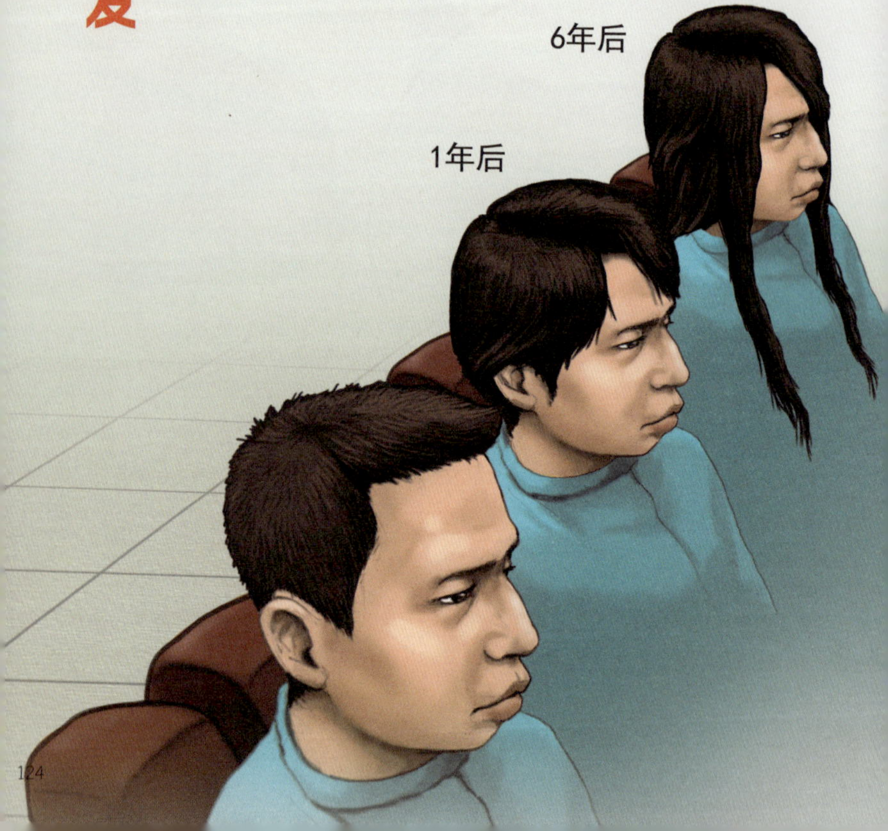

众多毛发的生长期

脸上和身体上的毛发也有毛囊，会随着生长周期的变化而变化。生长期，毛发快速生长。在此阶段，眉毛的生长期约有70天，睫毛的生长期为100~150天，下巴和嘴周围的胡须的生长期有30~100天，手臂毛发的生长期为40~80天，脚毛的生长期为130~180天。由此可见，**不同部位毛发的生长周期也不等**。不论是头发还是体毛，都不会一直长。

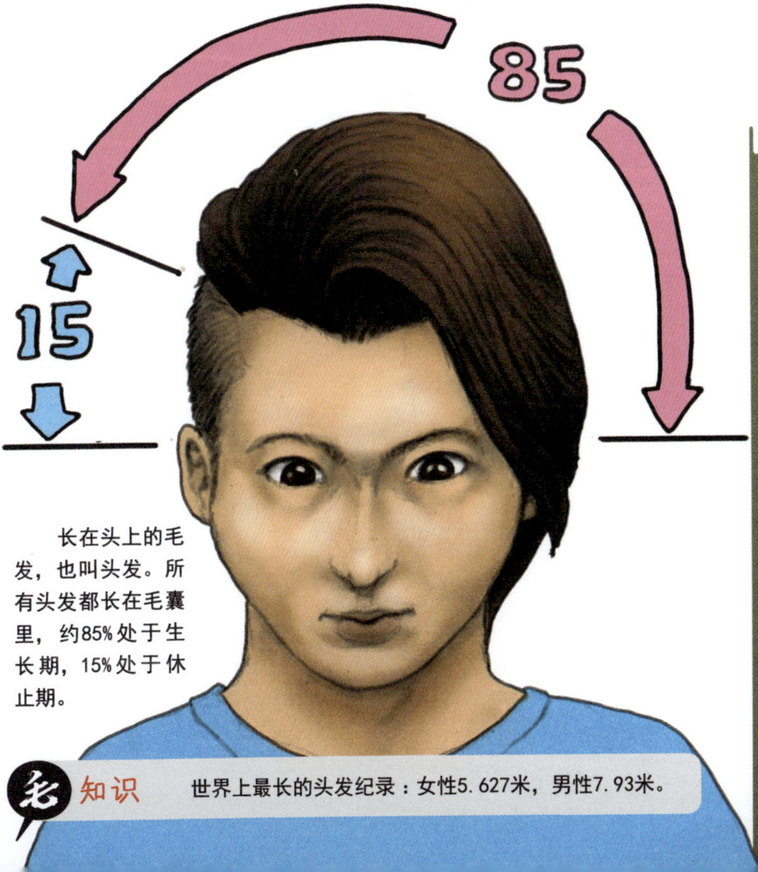

长在头上的毛发，也叫头发。所有头发都长在毛囊里，约85%处于生长期，15%处于休止期。

毛知识　世界上最长的头发纪录：女性5.627米，男性7.93米。

为什么会脱发？——男性型脱发

造成所谓秃头的，有很多原因，**但很大一部分来自男性型脱发。**这不是病，反而被认为是人类体质差异所致。通常一个人有10万根头发，按照头发的生长周期，每天会自然脱落100根。然而在男性型脱发中，**头发的生长周期变短，头发在完全长好之前就会脱落。毛囊的体积因此变得越来越小，**导致每根头发变得越来越细、头发越来越稀。

男性型脱发的主要因素是**毛囊对雄性激素的敏感度。**敏感度越高，毛囊越容易受到雄性激素的影响，头发的生长就越容易受到限制。在大多数男性型脱发的案例中，头顶和前额的毛囊比头侧和后脑勺的毛囊敏感度更高、更容易脱发。

头发有啥用？

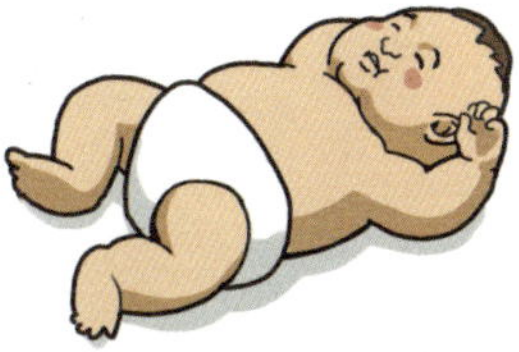

尽管人类的体毛很少，但头上却长满了头发。一般认为，头发的主要作用是**保护头部的大脑**——免受强光照射（包括紫外线）、防御极端酷热和严寒以及免受撞击到硬物时的冲击。此外，头发还具有其他功能，例如**储存汗液调节体温**和**消除体臭**等等。

秃头和头发稀疏的主要原因是男性型脱发，其他还有斑秃和老年性脱发等原因。

老知识

老年性脱发是一种自然现象。随着年龄的增长，老人的头发会整体变得稀疏。

和其他体毛一样，眉毛的表面也覆盖着毛小皮。

只有人才有的毛——眉毛

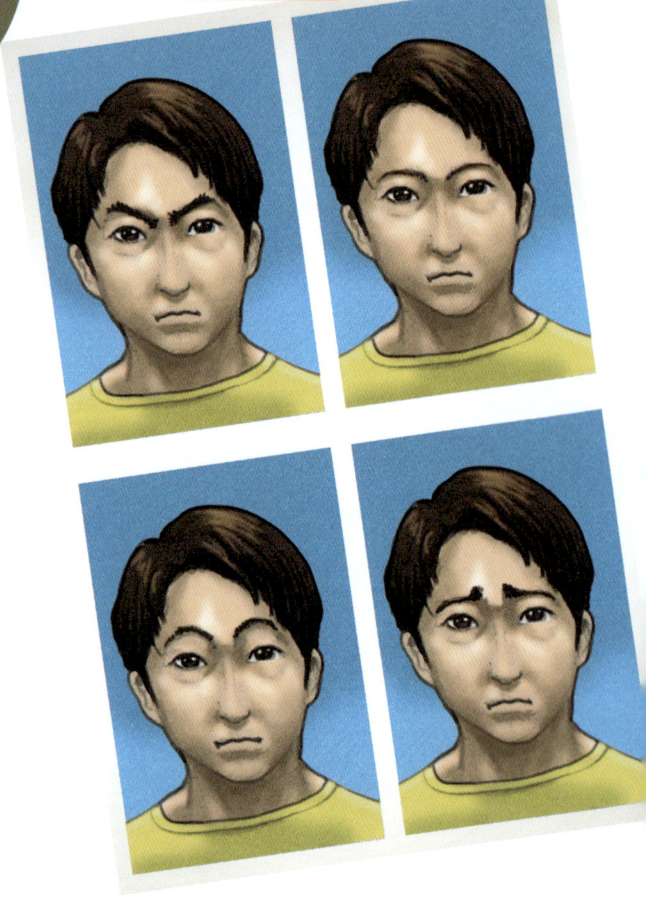

眉毛是人类特有的一种毛发。除了阻拦汗水流进眼睛里之外，有一种理论认为，眉毛还能帮助交流。支持这一理论的关键是**人类眼睛上方隆起的骨腔，被称为“眼眶”**。我们现代人类（智人）的眼眶是退化过的扁平的，但在古人类时期，它是突出的。

对古人类海德堡人的颅骨的研究表明，眼窝上的隆起组织并不像学者最初认为的那样具有保护颅骨的功能，而是用来**展示人类的社交能力和攻击性**。相比之下，现代人类的脸部更扁平，眉毛更灵活，可以**更充分地表达自己的情感**，有助于交流。

睫毛的功能

睫毛长在我们的眼睑边缘，可以防止眼睛进灰尘和细小污垢。对22种哺乳动物的研究表明，**睫毛的长度约为眼睛宽度的三分之一，通过转移气流来保护眼睛不受异物伤害。**当睫毛受到刺激时，它们会快速眨动以保护眼睛，这表明睫毛像猫咪的胡须一样，充当了**传感器**的作用。

眉毛是沿着眼睛上方的隆起结构生长的毛发，长5～10毫米。每根眉毛都与皮肤成一定角度生长，不会竖起来。

知识　睫毛垂直于皮肤生长，其毛囊没有立毛肌。

粘有花粉的鼻毛。鼻毛能粘上很多异物。

鼻毛有大用处——鼻毛

鼻毛也是一种人类特有的毛发。其他哺乳动物鼻腔内的黏膜上虽然有纤毛，但没有鼻毛。

我们的鼻毛具有过滤功能。由于鼻子位于呼吸道（通往肺部的气道）的入口处，所以鼻毛可以**阻挡昆虫、沙尘等异物进入呼吸道。**在鼻腔中，大于3微米的颗粒积聚在鼻腔口；0.5~3微米的颗粒会黏附在鼻黏膜上，并在纤毛的作用下通过鼻腔输送到咽喉；而小于0.5微米的颗粒则很难被拦住。

较大的颗粒会黏附在鼻毛上。**鼻毛越长，附着在上面的颗粒的表面积就越大，从而提高其过滤效果。**不过，鼻毛的数量、长度以及过滤效率也存在一些个体差异。

胡须能增加男人味？！

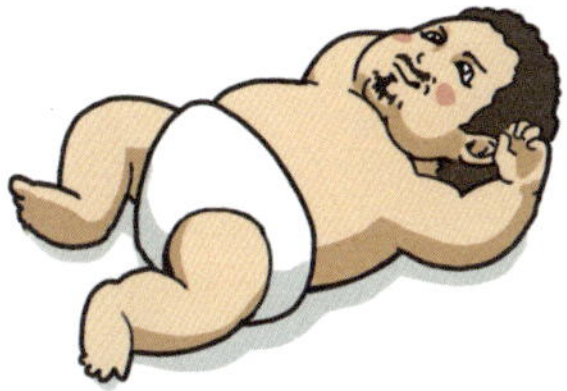

男性到了青春期，脸上的胡须会变得明显，这是因为男性激素在起作用。有一种理论认为，胡须的形成是男性吸引力的一种表现。例如，胡须可以使正在发火的脸看起来更可怕，帮助人类做出更有攻击性的表情。因此**胡须可能是面部交流的一部分，它能让男人看起来更强壮有力。**

鼻毛是长在鼻腔内的又短又粗的毛发。男性的鼻毛比女性长得快。根据体质和环境，生长速度有所差异，但平均下来它们每天可长0.15毫米。

毛知识 下巴上的胡须每天约能长0.38毫米。

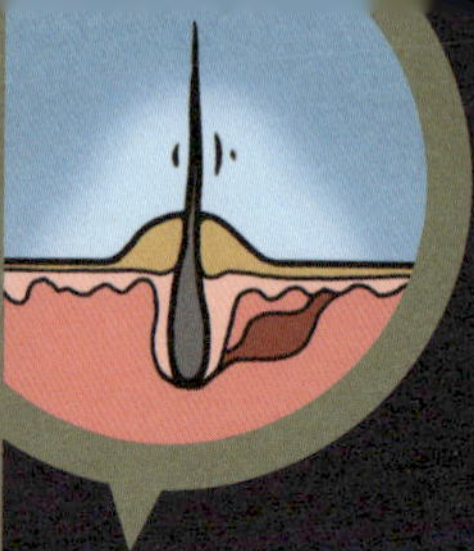

在毛囊孔周围隆起的区域形成的鸡皮疙瘩。

鸡皮疙瘩的结构——鸡皮疙瘩

当我们感到寒冷时，皮肤上会出现小疙瘩，我们叫“鸡皮疙瘩”。这是因为当毛囊里的小肌肉——立毛肌收缩时，毛发会竖起来，导致毛囊孔周围的皮肤隆起。许多哺乳动物会利用这种机制让毛发竖起来，使自己看起来更大，或者利用立毛肌形成一个空气层，来抵御寒冷。然而，对于体毛很少的人类来说，鸡皮疙瘩到底有什么用，却还始终是一个谜。

最近有一项用小白鼠进行的实验表明，在寒冷的天气中起鸡皮疙瘩时，**毛囊中的细胞就会被激活，从而促进毛发生长。**该理论认为，在过去人类祖先还披覆着体毛的时代，鸡皮疙瘩除了能通过竖立的毛发形成空气层、抵御寒冷之外，还能刺激毛发生长，**增加毛发数量**，这可能对应对即将到来的寒冷起到了一定作用

为什么叫鸡皮疙瘩？

“鸡皮疙瘩”是一种人类皮肤的毛囊孔周围隆起，出现小疙瘩的皮肤现象，就像被拔掉羽毛的鸟的皮肤一样。这个词的英文叫“goose bumps”，其中goose指“鹅”，bump是“肿块、隆起”的意思。鸟类的皮肤上，羽毛生长的部分被称为羽。就像哺乳动物的毛发从毛囊里长出来一样，**鸟类的羽毛也是从羽囊中长出来的。**

鸡皮疙瘩是当感觉寒冷、害怕，或受到惊吓时，皮肤上出现疙瘩的一种现象。在神经的作用下，由毛囊的立毛肌收缩形成。

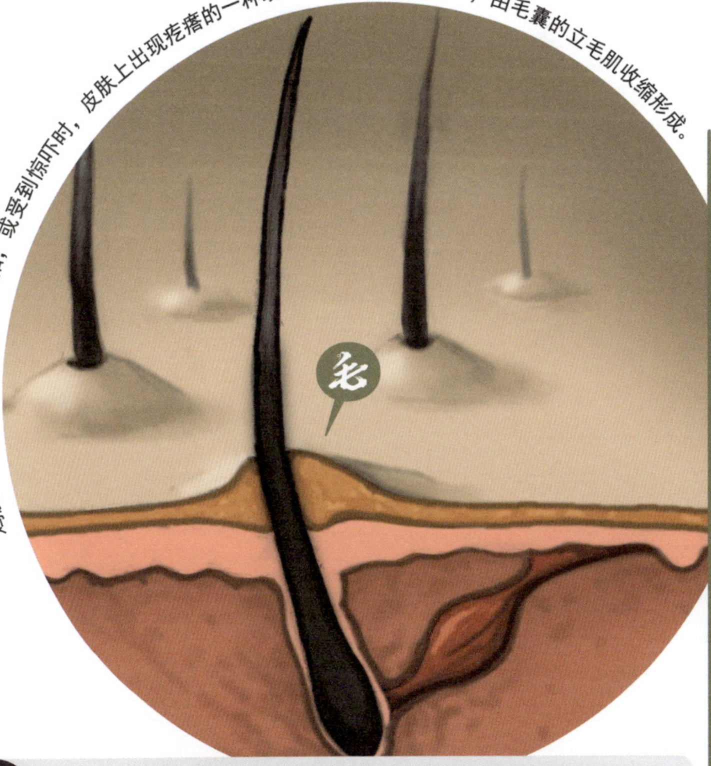

毛知识　睫毛和鼻毛的毛囊中因为没有立毛肌，所以不会起鸡皮疙瘩。

让人在意的毛——腋毛

人类进入青春期，腋毛开始生长。与此同时，腋下也开始散发出一股特殊的气味。如果这个气味过于强烈和刺激，我们则称之为“狐臭”。

这种气味最初来自汗腺排出的汗液。人体有两种汗腺，一种是几乎遍布全身皮肤的小汗腺（局泌汗腺）；另一种是大汗腺（顶泌汗腺），存在于腋窝、乳晕和生殖器周围。腋窝处的大汗腺对毛囊开放，腋毛就长在毛囊中。从小汗腺中排出的汗液99%是水，但从**大汗腺中分泌的汗液中含有大量脂肪和蛋白质，这是引起狐臭的部分原因。**

话虽如此，但狐臭中最具有刺激性的成分——巯基化合物并不存在于汗液中，而是**腋下的细菌将汗液中的无臭化合物转化成了巯基化合物**，从而产生了异味。

卷毛才更有魅力

直毛和卷毛不仅在外观上存在差异，而且毛发横截面的形状也不同。直毛的毛发截面呈圆形，卷毛的毛发截面呈扁平状。有学者认为，人类卷曲的毛发有助于将**水分和各种物质留在毛发表面。**卷曲的腋毛和阴毛能将**大汗腺分泌出的分泌物附着在毛发上，并把其气味当作性吸引力。**

长在腋窝的毛发，成熟后长度为1～5厘米。一般情况下没有阴毛那么卷，会因摩擦而脱落。

毛知识 腋毛的生长速度约为每天0.3毫米。

腋毛

细胞里的毛和健康——纤毛和鞭毛

纤毛是细胞表面类似毛发的突起，存在于从微生物到人类的多种物种中。微生物的纤毛主要起到运动的作用。

对于人类来说，纤毛是很重要的结构。人的细胞中有两种纤毛，一种是**运动纤毛，能形成水流**。如从咽部到肺部的气管上就布满了运动纤毛，它们呈波浪状摆动，将进入气管的异物从喉咙排出去。

另一种是非运动纤毛，它们像天线一样生长，每个细胞里只有一根。几乎所有细胞中都有非运动纤毛，**它们就像传感器，能接收周围的信息**。细胞通过互相之间的信息交流保持身体机能的正常运转，而支撑这种运转的正是非运动纤毛。

原纤毛和疾病

非运动纤毛也叫原纤毛，它就像接收信息的“天线”，是细胞塑形的关键。如果原纤毛的形状或功能异常，就会出现各种病状，如多指（趾）、失明、肾功能不良等。**这类由纤毛异常引起的疾病被称为“纤毛病”，近年受到广泛关注。**最近，学者对纤毛病与癌症之间的关系也越来越感兴趣。

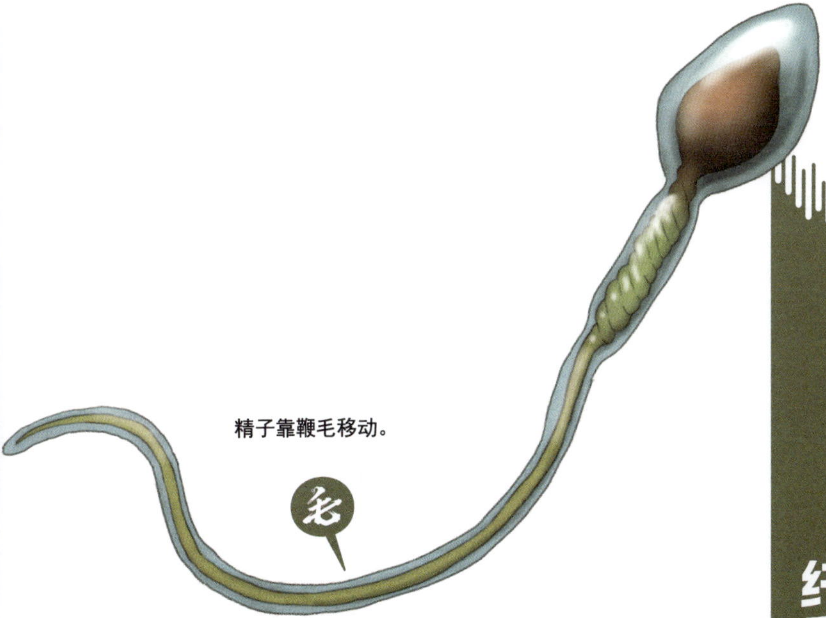

精子靠鞭毛移动。

细胞表面伸出的像毛一样的构造物，存在于各种真核生物中。纤毛和鞭毛的内部构造基本相同。

毛知识 学界普遍认为，非运动纤毛是由运动纤毛进化而来的。

图书在版编目（CIP）数据

毛发大揭秘 ： 从微小生物到人类世界 ／（日）保谷彰彦著 ；（日）川崎悟司绘 ； 庞梦莎译． -- 北京 ： 中译出版社， 2025. 7. -- ISBN 978-7-5001-8269-6

I. R322.99-49

中国国家版本馆 CIP 数据核字第 2025F5R379 号

著作权合同登记号：图字 01-2023-5506 号

毛发大揭秘：从微小生物到人类世界

MAOFA DA JIEMI: CONG WEIXIAO SHENGWU DAO RENLEI SHIJIE

策划编辑： 张　旭　李珊珊　胡婧尔
责任编辑： 张　旭
特约编辑： 张若彤　魏菲彤
封面设计： 末末美书
内文排版： 敖省林

出版发行： 中译出版社
地　　址： 北京市丰台区右外西路 2 号中国国际出版交流中心 10 层
电　　话：（010）68002876

印　　刷： 北京瑞禾彩色印刷有限公司
规　　格： 889 毫米 ×1194 毫米　1/32
印　　张： 4.375
字　　数： 160 千字
版　　次： 2025 年 7 月第 1 版
印　　次： 2025 年 7 月第 1 次

ISBN 978-7-5001-8269-6
定　　价： 59.00 元

中　译　出　版　社